Michael Freiburghaus

Gott liebt dich!

10 Predigten zum 1.Johannesbrief

Herstellung und Verlag:
BoD - Books on Demand, Norderstedt
ISBN 978-3-7386-5025-9

Bibelzitate sind der revidierten Elberfelderbibel entnommen:

REVIDIERTE ELBERFELDER BIBEL © 1985/1991/2006 SCM-VERLAG GMBH & CO.

KG, WITTEN

Mit freundlicher Erlaubnis des Verlages.

Das Titelbild zeigt eine 300jährige Lutherbibel, die beim Propheten Jeremia aufgeschlagen ist. Gott verspricht uns: „Ich habe dich je und je geliebt" (Jeremia 31,3).

Meiner geliebten Kirchgemeinde Leutwil-Dürrenäsch gewidmet

Inhaltsverzeichnis

Vorwort	4
1.Gott wird Mensch in Jesus!	5
2.Gott ist Licht und in ihm ist keine Finsternis!	7
3.Gott zu erkennen bedeutet, deinen Nächsten zu lieben!	13
4.Gott wirkt in dir!	18
5.Gott bleibt in dir!	25
6.Gott vernichtet deine Gewissensbisse!	30
7.Gott ist im Fleisch!	36
8.Gott ist Liebe!	39
9.Gott gibt ein dreifaches Zeugnis von sich!	46
10.Gott befreit dich von den Götzen!	52
Schlusswort oder: Wie weiter?	58
Danksagungen	59
Bücherliste	59
Verfasser	60

Vorwort

Dieses Buch geht auf eine Predigtreihe in der ref. Kirchgemeinde Leutwil-Dürrenäsch zurück. Warum begann ich mit einer Predigtreihe zum 1.Johannesbrief? Mehrere Gründe waren dafür ausschlaggebend:

a) Seit längerer Zeit ist in der Kirchgemeinde der Wunsch nach zusammenhängenden Predigtreihen aufgekommen. Dem kam ich gerne nach.

b) Der 1.Johannesbrief fasst viele Hauptthemen der Bibel zusammen, unter anderem: „Gott ist Liebe" (1.Joh 4,8.16).

c) Er lässt sich ausserdem gut in zehn Predigten gliedern, die dann spannende Lebensthemen aufgreifen, wie beispielsweise: Wer ist Gott? Wie kann ich meinen Nächsten lieben? Wie kann ich ein Kind Gottes werden?

Im Folgenden verwende ich die Abkürzung „1.Joh" für den 1.Johannesbrief.

1. Gott wird Mensch in Jesus!

„Was von Anfang an war, was wir gehört, was wir mit unseren Augen gesehen, was wir angeschaut und unsere Hände betastet haben vom Wort des Lebens - und das Leben ist offenbart worden, und wir haben gesehen und bezeugen und verkündigen euch das ewige Leben, das bei dem Vater war und uns offenbart worden ist -, was wir gesehen und gehört haben, verkündigen wir auch euch, damit auch ihr mit uns Gemeinschaft habt; und zwar ist unsere Gemeinschaft mit dem Vater und mit seinem Sohn Jesus Christus. Und dies schreiben wir, damit unsere Freude vollkommen sei" (1.Joh 1,1-4).

Der Apostel Johannes beginnt seinen ersten Brief so: „Was von Anfang an war" (1.Joh 1,1). Er nimmt damit Stichworte des ersten Buches der Bibel auf, wo es heisst: „Im Anfang schuf Gott den Himmel und die Erde" (1.Mose 1,1) und Stichworte aus dem Johannesevangelium: „Im Anfang war das Wort, und das Wort war bei Gott, und das Wort war Gott. Dieses war im Anfang bei Gott. Alles wurde durch dasselbe, und ohne dasselbe wurde auch nicht eines, das geworden ist. In ihm war Leben. Und das Wort wurde Fleisch und wohnte unter uns, und wir haben seine Herrlichkeit angeschaut, eine Herrlichkeit als eines Eingeborenen [Sohnes] vom Vater, voller Gnade und Wahrheit" (Johannesevangelium 1,1-4a.14). Damit will Johannes ausdrücken, dass das „Wort des Lebens" vor der Zeit, vor allem Anfang, bereits seit Ewigkeit existiert. Die anderen Apostel und er haben „das Wort des Lebens" „gehört", mit den „Augen gesehen", „angeschaut", und mit den „Händen betastet". Mit allen ihren Sinnen haben die anderen Apostel und Johannes das Wort des Lebens erfahren. Wir alle haben doch einen Hunger und Durst nach Leben. Niemand von uns will nur vor sich hinvegetieren, sondern wir wollen „ein Leben in der Fülle" erhalten (Johannesevangelium 10,11b; Dieser Bibelvers steht auch im Eingangsbereich des Kirchgemeindehauses Dürrenäsch). Dafür suchen wir unsere Erfüllung auf unterschiedliche Weise: Durch einen Partner, eine Familie, Freunde, Karriere und Status, Geld, Macht, Autos usw. Zuletzt müssen wir jedoch enttäuscht feststellen, dass uns all dies nicht die Erfüllung bringt, nach der wir uns sehnen (vgl. Prediger 3,11). Jetzt stellt sich die alles entscheidende Frage: Wer oder was ist dieses

Wort des Lebens? Johannes erklärt es uns: „Das Leben ist offenbart worden, und wir haben gesehen und bezeugen und verkündigen euch das ewige Leben, das bei dem Vater war und uns offenbart worden ist -," (1.Joh 1,2). Dieses „Wort des Lebens" ist Jesus Christus, der Sohn Gottes! Jesus ist der einzige, der „bei dem Vater [im Himmel] war". Er ist das Leben in Person. Jesus war „bei [Gott,] dem Vater", er ist aber Mensch geworden, um uns ganz nahe zu sein, weil er uns so fest liebt. Jesus ist Person. Deshalb will er mit uns eine persönliche Liebesbeziehung führen. JESUS CHRISTUS IST DAS EVANGELIUM! Er ist die frohe Botschaft und gute Nachricht, weil er das Zentrum des christlichen Glaubens ist! Ich bin Pfarrer und will Jesus Christus verkündigen. Doch selbst ich kann dies nicht fassen. Dass Gott Mensch geworden ist in Jesus. Jesus ist das grösste Geheimnis und das Wunder aller Wunder. Der heilige Gott wird Fleisch und trägt unsere Sünde und vernichtet sie dadurch. Dies kann meine Vernunft nicht ausloten, ich kann nur darüber staunen und Gott anbeten. Im christlichen Glauben geht es nicht um ein Prinzip, das man einhalten muss wie beispielsweise der achtfache Pfad im Buddhismus oder die fünf Säulen im Islam, sondern um eine lebendige Beziehung mit dem dreieinigen Gott. Der Apostel Johannes hat Jesus Christus persönlich gekannt und schreibt deswegen: „Was wir gesehen und gehört haben, verkündigen wir auch euch, damit auch ihr mit uns Gemeinschaft habt; und zwar ist unsere Gemeinschaft mit dem Vater und mit seinem Sohn Jesus Christus" (1.Joh 1,3). Das Ziel unseres Lebens besteht darin, dass wir Gemeinschaft leben mit Gott dem Vater und mit seinem Sohn Jesus Christus durch den Heiligen Geist. „Unsere Gemeinschaft mit Gott" beinhaltet zwei Sachen:
a) Die Gemeinschaft mit Gott und
b) Die Gemeinschaft untereinander.
Gemeinschaft mit Gott leben wir zum Beispiel in einem Gottesdienst, wenn wir beten oder in der Bibel lesen.
Gemeinschaft untereinander können wir beispielsweise in einem Hauskreis oder an anderen Anlässen der Kirchgemeinde leben. Ein Hauskreis ist eine kleine Gruppe von etwa sechs bis zwölf Personen, die sich wöchentlich oder zweiwöchentlich bei jemandem zu Hause (deswegen „Hauskreis") treffen und zusammen singen, beten, in der Bibel lesen und sich gegenseitig

ermutigen. Ein Hauskreis ist eine Art christliche Selbsthilfegruppe, aber mit dem Unterschied, dass Gott derjenige ist, der uns hilft! Johannes schliesst die Einleitung zu seinem Brief so: „Und dies schreiben wir, damit unsere Freude vollkommen sei" (1.Joh 1,4). Für Johannes gab es nichts Schöneres, als zu wissen, dass seine Hörerinnen und Hörer, gestern wie heute, also auch wir, von Jesus erfahren und so unsere Gemeinschaft mit Gott und untereinander leben können.

Fragen für den Hauskreis
a) Wie hast du Jesus „gehört", „gesehen", „angeschaut" und/oder „mit Händen betastet"? (Vgl. Hauskreisbibel, 1871).
b) Ist es wichtig, dass Johannes ein Augenzeuge der Taten und Worte von Jesus war? Vgl. Lukasevangelium 1,1-4.
c) Welches Ziel verfolgt Johannes mit seinem Brief? (vgl. Gruppenbibel, 932).
d) Wie können wir zu dieser „vollkommenen Freude" gelangen?

2. Gott ist Licht!
„Und dies ist die Botschaft, die wir von ihm gehört haben und euch verkündigen: dass Gott Licht ist, und gar keine Finsternis in ihm ist. Wenn wir sagen, dass wir Gemeinschaft mit ihm haben, und wandeln in der Finsternis, lügen wir und tun nicht die Wahrheit. Wenn wir aber im Licht wandeln, wie er im Licht ist, haben wir Gemeinschaft miteinander, und das Blut Jesu, seines Sohnes, reinigt uns von jeder Sünde. Wenn wir sagen, dass wir keine Sünde haben, betrügen wir uns selbst, und die Wahrheit ist nicht in uns. Wenn wir unsere Sünden bekennen, ist er treu und gerecht, dass er uns die Sünden vergibt und uns reinigt von jeder Ungerechtigkeit. Wenn wir sagen, dass wir nicht gesündigt haben, machen wir ihn zum Lügner, und sein Wort ist nicht in uns. Meine Kinder, ich schreibe euch dies, damit ihr nicht sündigt; und wenn jemand sündigt - wir haben einen Beistand bei dem Vater: Jesus Christus, den Gerechten. Und er ist die Sühnung für unsere Sünden, nicht allein aber für die unseren, sondern auch für die ganze Welt" (1.Joh 1,5-2,2).

Dieses Kapitel gliedert sich in die drei Teile:
2.1 Gott ist Licht!
2.2 JESUS CHRISTUS ist das Licht der Welt!
2.3 Du bist das Licht der Welt durch den Heiligen Geist!

2.1 Gott ist Licht!

Der erste Punkt ist: Gott ist Licht! „Und dies ist die Botschaft, die wir von ihm gehört haben und euch verkündigen: dass Gott Licht ist, und gar keine Finsternis in ihm ist" (1.Joh 1,5). Das erste, was Gott erschaffen hat, ist Licht: „Und die Erde war wüst und leer [= Tohuwabohu], und Finsternis war über der Tiefe; und der Geist Gottes schwebte über dem Wasser. Und Gott sprach: Es werde Licht! Und es wurde Licht" (1.Mose 1,2-3). Wir Menschen brauchen Licht, um zu leben. „Gott ist Licht." Dies bedeutet auch, dass Gott heilig ist. Was heisst heilig? Perfekt, fehlerlos, rein, erhaben, anbetungswürdig, „der allein Unsterblichkeit hat und ein unzugängliches Licht bewohnt" (1.Tim 6,16), abgesondert von der Sünde. Die Heiligkeit von Gott stellt uns vor ein Problem. Timothy Keller, wohl der bekannteste ref. Pfarrer der Welt, sagt es treffend: „Wir wollen einen Gott, der liebend ist und uns die Sünde vergibt, aber keinen, der heilig und transzendent ist" („Western cultures want a God who is loving and forgiving but not holy and transcendent", Twitterpost am 04.12.2014). „Transzendent" heisst „überweltlich". Am liebsten hätten wir, wenn Gott nur Liebe wäre, aber kein Licht. Was heisst das konkret? Jakobus gibt uns Antwort: „Niemand sage, wenn er versucht wird: Ich werde von Gott versucht. Denn Gott kann nicht versucht werden vom Bösen, er selbst aber versucht niemand. Jede gute Gabe und jedes vollkommene Geschenk kommt von oben herab, von dem Vater der Lichter, bei dem keine Veränderung ist noch eines Wechsels Schatten" (Jakobusbrief 1,13.17). Gott ist nicht böse oder gut und böse gleichzeitig oder abwechselnd, sondern er ist nur gut und „treu und gerecht" (1.Joh 1,9). Er steht über dem Bösen.

2.2 JESUS CHRISTUS ist das Licht der Welt!

Der zweite Punkt handelt von Jesus Christus. Was erfahren wir über ihn in diesem Abschnitt?

a) „Wir haben einen Beistand bei dem Vater: Jesus Christus, den Gerechten" (1.Joh 1,). Was heisst: „der Gerechte"? Jesus hat nie ein Unrecht begangen. Er lebte „ohne Sünde" (Hebräerbrief 4,14).
b) Weil Jesus fehlerlos war, konnte er die Vergebung für unsere Sünde erwirken: „Und er ist die Sühnung für unsere Sünden" (1.Joh 2,2a).
c) „Das Blut Jesu, seines Sohnes, reinigt uns von jeder Sünde" (1.Joh 1,7b).
Jesus ist nicht nur ein Mensch oder ein Lehrer oder moralisches Vorbild, sondern er ist der Sohn Gottes, ja sogar GOTT selber! Jesus Christus beschreibt seinen Auftrag sogar mit Hilfe des Lichtes: „Ich bin als Licht in die Welt gekommen, damit jeder, der an mich glaubt, nicht in der Finsternis bleibe" (Johannesevangelium 12,46).
Vielleicht stellst du dir jetzt die Frage: Wie kann Gott der Vater Licht sein und gleichzeitig Gott der Sohn Jesus auch Licht? Eine Veranschaulichung: Bei einem Regenbogen wird das Licht durch die kleinen Wassertropfen in mehrere Farben gebrochen. So kann auch Gott aufgeschlüsselt werden in Gott Vater, Gott Sohn und Gott Heiliger Geist und trotzdem gibt es nur einen Gott.

2.2 Du bist das Licht der Welt durch den Heiligen Geist!
Der dritte Punkt sind wir Menschen respektive unser Verhalten als Christen. Johannes benutzt in diesem kurzen Abschnitt viele negative Begriffe: Achtmal taucht das Wort „Sünde" auf. Zweimal erscheint zudem der Begriff „Finsternis", zweimal „lügen" und einmal „Ungerechtigkeit". Hier begegnen wir einer Situation, die sich wie ein roter Faden durch die ganze Bibel zieht: Gott setzt uns einen Spiegel vor. Im Licht von Gott sehen wir uns so, wie wir wirklich sind: Als Sünder! Was ist Sünde? In aller Kürze möchte ich fünf biblische Aspekte aufgreifen:
a) Unser Unglaube ist Sünde. Jesus erklärt: „Und wenn er [= der Heilige Geist] gekommen ist, wird er die Welt überführen von Sünde [...]. Von Sünde, weil sie nicht an mich glauben" (Johannesevangelium 16,8a-9).
b) Dann das Abgeschnittensein von Gott. Sünde meint Zielverfehlung. Wir verfehlen unser Ziel, mit Gott Gemeinschaft zu haben. Sünde ist die Trennung von Gott, die unterbrochene und

gestörte Beziehung. Wir stecken in einem Funkloch, wir haben keinen Draht zu Gott (vgl. 1.Mose 3,23-24).
c) Ausserdem ist alles Sünde, was wir tun, obwohl wir genau wissen, dass es nicht in Ordnung ist: „Alle Ungerechtigkeit ist Sünde" (1.Joh 5,17).
d) Sünde ist alles, was wir nicht tun, obwohl wir wissen, dass wir es eigentlich tun sollten: „Wer Gutes tun könnte und tut es nicht, dem ist es Sünde" (Jakobusbrief 4,17).
e) „Alles, was nicht aus Glauben getan wird, ist Sünde" (Römerbrief 14,23).
Fazit dieser Beschreibung der Sünde: Wenn wir uns an den perfekten Massstäben messen, die Gott uns in der Bibel gibt, dann müssten wir eigentlich alle zugeben, dass wir Sünder sind. Unsere natürlichste Reaktion darauf ist jedoch oft, unsere Sünde abzustreiten. Johannes greift dies auf:
a) „Wenn wir sagen, dass wir keine Sünde haben" (1.Joh 1,8).
b) „Wenn wir sagen, dass wir nicht gesündigt haben" (1.Joh 1,10).
Wenn wir behaupten, in Gegenwart und Vergangenheit keine Sünde begangen zu haben, dann machen wir die Bibel und damit „Gott zum Lügner" und wir „betrügen uns selber", weil wir die Wahrheit mutwillig verleugnen.
Johannes fasst das EVANGELIUM, die frohe Botschaft und gute Nachricht, so zusammen: „Wenn wir unsere Sünden bekennen, ist er [= Gott] treu und gerecht, dass er uns die Sünden vergibt und uns reinigt von jeder Ungerechtigkeit" (1.Joh 1,9). Hier steht das Wort „Sünde" in der Mehrzahl: „unsere Sünden". Damit sind die konkreten Sünden gemeint, die wir begangen haben in Gedanken, Worten oder Taten. Das EVANGELIUM, die frohe Botschaft und gute Nachricht, lautet für uns heute: Weil Jesus Christus das Licht der Welt ist und fehlerlos gelebt hat, konnte er unsere Sünde tragen am Kreuz von Golgatha und sie so vernichten. Gott der Vater hat ihn an Ostern auferweckt. Jesus lebt und deswegen können auch wir mit Gott eine Beziehung beginnen oder vertiefen, wenn wir unsere Sünden ihm bekennen. Gott ist „treu und gerecht". Wir erwarten eigentlich: treu und gnädig oder barmherzig. Aber im EVANGELIUM zeigt Gott auch seine Gerechtigkeit (vgl. Römerbrief 1,16-17). Gott ist der oberste Richter und er muss unsere Sünden bestrafen. Doch nicht wir müssen unsere Strafe

tragen, sondern Jesus hat sie getragen (vgl. Jesaja 53,4-7). Für uns ist dies relativ bequem: In einem einfachen Gebet können wir Gott unsere Sünden aufzählen und er vergibt sie uns. Jesus hat es jedoch alles gekostet, die Vergebung unserer Sünden zu erreichen: „Das Blut Jesu, seines Sohnes, reinigt uns von jeder Sünde" (1.Joh 1,7b). Wir können unsere Sünden entweder in einem stillen Gebet Gott bekennen oder auch mit einer Vertrauensperson oder einer/m SeelsorgerIn. Das erste, was Gott an uns tut: Er zeigt uns unsere Sünde auf (vgl. Johannesevangelium 16,8-9). Dies ist unangenehm. Es ist wie wenn wir eine offene Wunde haben und sie desinfizieren. Es brennt und tut weh. Doch es ist heilsam. „Wenn wir Gott unsere Sünden bekennen", vergibt er sie uns. Der zweite Schritt ist, dass Gott uns seinen Heiligen Geist gibt, der in uns „Liebe, Freude und Frieden" (vgl. Galaterbrief 5,22-23) wirkt. Am liebsten hätten wir nur den zweiten Schritt, aber Gott beginnt mit dem ersten. Zuerst muss das Böse aus unserem Leben weg, danach kommt das Gute. Wir kleben ja auch nicht einfach ein farbiges Pflaster auf eine Wunde, ohne sie vorher zu desinfizieren. Johannes fährt fort: „Meine Kinder, ich schreibe euch dies, damit ihr nicht sündigt" (1.Joh 2,1a). Sagt Johannes hiermit, dass es möglich ist, auf der Erde sündlos zu leben? Ich denke nicht, denn er fügt sofort an: „Und wenn jemand sündigt – wir haben einen Beistand bei dem Vater: Jesus Christus, den Gerechten" (1.Joh 2,1b). Im ersten Moment scheint dies ein Widerspruch zu sein: „nicht zu sündigen" und „wenn jemand sündigt". Zumal Johannes im Verlauf seines 1.Joh weitere Aussagen zur Sünde macht: „Jeder, der in ihm [= in Gott] bleibt, sündigt nicht; jeder, der sündigt, hat ihn nicht gesehen noch ihn erkannt" (1.Joh 3,6). „Wer die Sünde tut, ist aus dem Teufel, denn der Teufel sündigt von Anfang an" (1.Joh 3,8a). „Wir wissen, dass jeder, der aus Gott geboren ist, nicht sündigt" (1.Joh 5,18a). Jetzt hilft ein Blick in das Johannesevangelium 13,1-17, wo Jesus seinen Jüngern die Füsse wäscht. Dann stellt Petrus die Frage, warum Jesus ihnen nur die Füsse wäscht und nicht den ganzen Körper. Jesus antwortet: „Wer gebadet ist, hat nicht nötig, sich zu waschen, ausgenommen die Füße, sondern ist ganz rein" (Johannesevangelium 13,10). Wer einmal in seinem Leben eine persönliche Entscheidung für Jesus getroffen hat, hat – im symbolischen Bild gesprochen – eine

Ganzkörperwaschung von Gott erhalten. Er muss dann nur noch von Zeit zu Zeit seine Füsse waschen, weil sie staubig geworden sind. Oder ohne Vergleich ausgedrückt: Wer sich einmal zu Jesus Christus bekehrt hat und dem Gott dadurch die grösste Sünde seines Unglaubens vergeben hat, der muss „nur" noch ab und zu Gott seine Sünden bekennen, die sie oder er täglich begeht.

„Wenn wir aber im Licht wandeln, wie er im Licht ist, so haben wir Gemeinschaft untereinander" (1.Joh 1,7). Jesus spricht: „Ich bin das Licht der Welt. Wer mir nachfolgt, der wird nicht in der Finsternis wandeln, sondern wird das Licht des Lebens haben" (Johannesevangelium 8,12). Weil wir seine Jüngerinnen und Jünger sind und Jesus nachfolgen, spricht er auch zu uns: „Ihr seid das Licht der Welt!" (Matthäusevangelium 5,14a). Durch den Heiligen Geist können wir ein Leben im Licht Gottes führen.

Wichtig: Das EVANGELIUM ist keine Moral! Zuerst müssen wir erkennen, dass Gott der Vater Licht ist und Jesus Christus das Licht der Welt ist. Und dass Gott der Heilige Geist uns erleuchtet. Und dass der dreieinige Gott uns unendlich fest liebt. Zuerst bietet Gott uns seine Vergebung an und unser Leben ändern wir dann aus Dankbarkeit Gott gegenüber und mit der Kraft seines Heiligen Geistes (vgl. Heidelberger Katechismus 1).

Am Schluss dieses Abschnittes schreibt Johannes: „Und er [= Jesus] ist die Sühnung für unsere Sünden, nicht allein aber für die unseren, sondern auch für die ganze Welt" (1.Joh 2,1-2). Jesus hat uns erlöst, weil er für uns gestorben und von den Toten auferstanden ist. Dies ist nicht eine Nachricht für nur einige wenige Menschen, sondern für alle Menschen auf allen Kontinenten zu allen Zeiten in allen Kulturen! Deshalb ist Mission, also das Aussenden von Evangelisten und Missionaren in andere Länder, auch heute noch nötig.

Anmerkungen

Der „Tag des HERRN" (= der Jüngste Tag) wird im Alten Testament teilweise als der „Tag der Finsternis und der Dunkelheit" (Zephania 1,15; Amos 5,18) beschrieben. Ebenso ist Gottes Handeln für uns manchmal undurchschaubar (vgl. Amos 3,6; Jesaja 45,6-7).

Fragen für den Hauskreis
a) Als der wohl bekannteste noch lebende Evangelist Billy Graham (*07.11.1918) gefragt wurde, was er in seinem langen Leben anders machen würde, sprach er: „Ich würde viel mehr Menschen schulen, über ihren Glauben zu reden, statt immer allein zu predigen" (Reinhold Scharnowski, Billy Graham und der Himmel, jesus.ch, 18.07.2014). Versucht, in wenigen Sätzen das Evangelium weiterzugeben. Baut eventuell eure Lebensgeschichte mit ein oder die Frage, was sich durch eure Beziehung mit Gott konkret in eurem Leben verändert hat. Stellt einander eure Überlegungen vor.
b) „Gott ist Licht und in ihm ist gar keine Finsternis" (1.Joh 1,5). Sucht mit einer Konkordanz die Stichworte „Licht" und „Finsternis" im Propheten Jesaja oder im 1.Joh und lest einander die Verse vor.
c) Falls ihr einander bereits kennt und einander vertraut: „Bekennt nun einander die Sünden und betet füreinander, damit ihr geheilt werdet! Viel vermag eines Gerechten Gebet in seiner Wirkung" (Jakobusbrief 5,16). Gebet in Zweiergruppen.

3. Gott zu erkennen bedeutet, deinen Nächsten zu lieben!
„Und hieran erkennen wir, dass wir ihn erkannt haben; wenn wir seine Gebote halten. Wer sagt: Ich habe ihn erkannt, und hält seine Gebote nicht, ist ein Lügner, und in dem ist nicht die Wahrheit. Wer aber sein Wort hält, in dem ist wahrhaftig die Liebe Gottes vollendet. Hieran erkennen wir, dass wir in ihm sind. Wer sagt, dass er in ihm bleibe, ist schuldig, selbst auch so zu wandeln, wie er gewandelt ist. Geliebte, nicht ein neues Gebot schreibe ich euch, sondern ein altes Gebot, das ihr von Anfang an hattet. Das alte Gebot ist das Wort, das ihr gehört habt. Wiederum schreibe ich euch ein neues Gebot, das, was wahr ist in ihm und in euch, weil die Finsternis vergeht und das wahrhaftige Licht schon leuchtet. Wer sagt, dass er im Licht sei, und hasst seinen Bruder, ist in der Finsternis bis jetzt. Wer seinen Bruder liebt, bleibt im Licht, und nichts Anstößiges ist in ihm. Wer aber seinen Bruder hasst, ist in der Finsternis und wandelt in der Finsternis und weiß nicht, wohin er geht, weil die Finsternis seine Augen verblendet hat" (1.Joh 2,3-11).

Dieses Kapitel gliedert sich in drei Teile:
3.1 Gott erkennen
3.2 Das EVANGELIUM: Wie Jesus und hilft, die Gebote zu halten
3.3 Das neue Gebot: Nächstenliebe

3.1 Gott erkennen
Der erste Punkt handelt davon, Gott und Jesus zu erkennen:
a) „Und hieran erkennen wir, dass wir ihn erkannt haben; wenn wir seine Gebote halten" (1.Joh 2,3). Wer ist mit „ihn" gemeint: Gott oder Jesus? Beide können gemeint sein, weil Jesus im Johannesevangelium sagt: „Ich und der Vater sind eins" (Johannesevangelium 10,30). Jesus ist Gottes Sohn und deswegen auch Gott. Deswegen kann hier sowohl Gott der Vater oder auch Gott der Sohn Jesus gemeint sein.
Gott zu erkennen ist das Wichtigste im Leben. Dies ist der Sinn des Lebens. Mit Gott eine Beziehung zu führen.
„Erkennen" hat in der Bibel viel mit „lieben" zu tun: „Und der Mensch [=Adam] erkannte seine Frau Eva, und sie wurde schwanger und gebar Kain" (1.Mose 4,1). Jemanden „erkennen" heisst also: Ihm nahe zu sein, sich mit dieser Person intensiv zu beschäftigen, kurz: sie zu lieben.
Gott zu „kennen" heisst, ihn zu lieben. Jesus spricht klipp und klar im Johannesevangelium: „Wenn ihr mich liebt, so werdet ihr meine Gebote halten" (Joh 14,15). Welches ist sein Gebot? Jesus spricht: „Dies ist mein Gebot, dass ihr einander liebt, wie ich euch geliebt habe" (Johannesevangelium 15,12).
Gott zu erkennen bedeutet, deinen Nächsten zu lieben.
b) „Wer sagt: Ich habe ihn erkannt, und hält seine Gebote nicht, ist ein Lügner, und in dem ist nicht die Wahrheit" (1.Joh 2,4). Damit ist klar, dass das Leben und der Glaube zusammen gehören. Wenn wir behaupten, dass wir Gott kennen, muss unser Leben auch den Massstäben entsprechen, die Gott uns in der Bibel gibt. Nicht erst die Menschen damals, sondern auch wir heute stehen in der Gefahr, unser Leben von den Geboten Gottes zu lösen. Wir wollen möglichst frei sein und wollen keinen Gott über uns haben. Doch die Anweisungen von Gott sind gut für uns. Sie dienen unserem Leben und Wohlergehen.
c) „Wer aber sein Wort hält, in dem ist wahrhaftig die Liebe Gottes

vollendet. Hieran erkennen wir, dass wir in ihm sind" (1.Joh 2,5). Wir erkennen, dass wir Gott wirklich kennen, wenn wir die Bibel, „sein Wort" (1.Joh 2,5a), halten. Ein Kennzeichen eines Christen ist, dass er gerne in der Bibel liest, oder wenn sie/er nicht lesen kann, gerne Predigten oder christliche TV/Radioprogramme hört/sieht usw.

Auch ich als Pfarrer habe nicht immer die gleiche Motivation, in der Bibel zu lesen, obwohl ich schon oft die Erfahrung gemacht habe, dass Gott in meinen Alltag hinein gesprochen hat, und mich dies sehr getröstet und motiviert hat. Mir hilft es sehr, am Morgen nach dem Aufstehen die Losungen der Herrnhuter zu lesen. Es gibt sie in Buchform oder auch als kostenloses App für ein Smartphone. Es ist jeweils ein Vers aus dem Alten und Neuen Testament.

3.2 Das EVANGELIUM: Wie Jesus uns hilft, die Gebote zu halten

Das EVANGELIUM ist der zweite Punkt: Wie Jesus uns hilft, die Gebote zu halten. „Wer sagt, dass er in ihm bleibe, ist schuldig, selbst auch so zu wandeln, wie er gewandelt ist" (1.Joh 2,6). Wenn wir sagen, dass wir Christen sind und Jesus Christus nachfolgen, sollen wir auch so leben wie er. Jesus ist unser Vorbild! Er ist derjenige, nach dem wir unser Leben ausrichten. Aber zugleich ist er auch derjenige, der uns hilft, so zu leben wie er. Aus eigener Kraft könnten wir dies gar nicht. Es ist für uns eine Überforderung, weil Gott von uns so viel Liebe fordert gegenüber ihm, unserem Nächsten und uns selber. Das EVANGELIUM, die frohe Botschaft und gute Nachricht, löst dieses Problem: Wir müssen diese Liebe nicht selber produzieren. Sondern Gott hat uns bedingungslos zuerst geliebt und wir geben diese Liebe nur weiter. Wir sind wie leere Gefässe, die uns von der Liebe von Gott füllen lassen und diese Liebe Gottes an unsere Mitmenschen weitergeben.

Wenn wir merken, dass wir die Gebote in der Bibel nicht erfüllen, gibt Jesus uns Hoffnung. Er ist noch nicht am Ende mit uns. Er gibt uns nicht auf. Er ist gnädig und gibt uns eine neue Chance. Weil Jesus gestorben und auferstanden ist, hat er die Vergebung für unsere Lieblosigkeit ermöglicht und deshalb ist Gott auch für uns und nicht gegen uns. Wenn ich merke, dass ich einen Fehler getan habe und gegen die Gebote Gottes in der Bibel verstossen habe, dann rege ich mich jeweils auf. Warum ist mir dies wieder passiert? Ich drehe mich um mich selber und verliere immer mehr die Freude an Jesus. Vielleicht geht es dir ähnlich. Es vergeht dann immer eine Zeit, bis ich mich daran erinnere: Wenn wir Gott unsere Sünden bekennen, dann vergibt er sie uns (vgl. 1.Joh 1,9). Mit einem einfachen Gebet kann ich Gott sagen, dass es mir Leid tut. Das EVANGELIUM bedeutet, dass wir nicht auf uns selber schauen, sondern auf Jesus. Dann gibt uns Jesus auch wieder Freude an ihm: „Die Freude am Herrn ist unsere Stärke" (Nehemia 8,10b Luther). Unsere Freude kommt nicht aus uns selber. Deswegen heisst unser Glaube auch CHRISTentum oder CHRISTlicher Glaube, weil es um die Liebe von Jesus CHRISTus geht und darum, sie weiterzugeben.

3.3 Das neue Gebot: Nächstenliebe
Der dritte Punkt ist das alte beziehungsweise das neue Gebot der Nächstenliebe:
„Geliebte, nicht ein neues Gebot schreibe ich euch, sondern ein altes Gebot, das ihr von Anfang an hattet. Das alte Gebot ist das Wort, das ihr gehört habt. Wiederum schreibe ich euch ein neues Gebot" (1.Joh 2,7-8a). Jetzt stellt sich die Frage: Ist die Nächstenliebe das alte oder das neue Gebot? Gott spricht bereits im Alten Testament: „Du sollst deinen Bruder in deinem Herzen nicht hassen. [...] [Und du] sollst deinen Nächsten lieben wie dich selbst" (3.Mose 19,17.19). Das Gebot der Nächstenliebe ist also alt. Im Alten Testament war es gewissermassen Theorie. Erst Jesus macht aus dieser Theorie der Nächstenliebe plötzlich Praxis! Das Gebot der Nächstenliebe ist also auch neu, weil Jesus es uns 1:1 vorgelebt hat (vgl. Matthäusevangelium 22,38-40). Wenn wir in den Evangelien lesen, wie Jesus mit anderen Menschen umgegangen ist, erfahren wir, was wahre Nächstenliebe ist. Johannes fährt fort: „Wer sagt, dass er im Licht sei, und hasst seinen Bruder, ist in der Finsternis bis jetzt. Wer seinen Bruder liebt, bleibt im Licht, und nichts Anstößiges ist in ihm. Wer aber seinen Bruder hasst, ist in der Finsternis und wandelt in der Finsternis und weiß nicht, wohin er geht, weil die Finsternis seine Augen verblendet hat" (1.Joh 2,9-11). Johannes beschreibt, wie der Hass uns blind macht und uns in die Dunkelheit führt, wo wir Gott nicht mehr erkennen können.

Einige Personen haben mir Unrecht getan und ich fühlte, wie Hass und Rachegedanken in mir aufstiegen. Als ich dies Jesus in einem Gebet hinlegte, ging es mir besser und mein Groll löste sich mit der Zeit. Wenn jemand jetzt gemerkt hat, dass er eine Person hasst, dann lädt Gott uns ein, diesen dunklen Hass ans Licht zu bringen in einem stillen Gebet. Vielleicht ist es ein Prozess und es dauert eine Weile, bis das Gefühl des Hasses und des Grolls weg ist, aber es ist gut, den Hass als solchen vor Gott gelegt zu haben. Weil Gott uns liebt, sollen wir statt hassen einander lieben. Wie können wir konkret unseren Nächsten lieben? In Gedanken, Worten und Taten.

a) Mit Gedanken lieben. Ein treffendes Zitat dazu von Arthur Pink: „Der Massstab unserer Liebe für andere Menschen kann man direkt ableiten davon, wie ernst und häufig wir für sie beten" (The measure of our love for others can largely be determined by the frequency & earnestness of our prayers for them; Zitat von Arthur Pink, veröffentlicht von David Platt auf Facebook, 02.09.2015). Fürbittegebete heisst: Wir bitten Gott für jemanden. Die wichtigste Bitte ist meiner Meinung nach, dass wir Gott bitten, dass eine Person zu Jesus findet. Aber auch andere wichtige Bereiche wie Familie, Freunde, Gesundheit und Arbeitsstelle können sinnvolle Gebetsanliegen sein.

b) Mit Worten lieben kann beispielsweise heissen, jemandem ein Kompliment zu machen. Oder jemanden zu ermutigen, wenn man sieht, dass es ihm schlecht geht. Ihm zeigen, dass er wertvoll ist.

c) Mit Taten lieben. Johannes sagt: „Weil die Finsternis seine Augen verblendet hat" (1.Joh 2,11). Mit Taten lieben heisst, dass wir unseren Mitmenschen keinen Schaden zufügen, sondern ihnen tatkräftig helfen, beispielsweise in alltäglichen Kleinigkeiten.

Fragen für den Hauskreis:

a) Lest gemeinsam Johannesevangelium 14,15-31 und Johannesevangelium 15,9-14 und tauscht darüber aus.

b) Formuliert Fürbittegebete füreinander, für eure Familie, Freunde, Nachbarn, die Schweiz, Europa, die verfolgten Christen weltweit.

c) Überlegt, über wen ihr in letzter Zeit gelästert habt. Könnt ihr euch bei ihnen entschuldigen? Wie wollt ihr das nächste Mal reagieren?

d) Wem kann ich in meinem Umfeld tatkräftig helfen? Wem könnte ich ein aufmunterndes SMS/Whatsapp schicken? Oder eine Postkarte? Kann ich jemandem einen passenden Bibelvers mit auf den Weg geben? Wer freut sich über einen Kuchen oder die Einladung zu einem Kaffee? Oft sind es kleine Dinge, die Grosses bewirken.

4. Gott wirkt in dir!
„Ich schreibe euch, Kinder, weil euch die Sünden vergeben sind um seines Namens willen. Ich schreibe euch, Väter, weil ihr den erkannt habt, der von Anfang an ist. Ich schreibe euch, ihr jungen Männer, weil ihr den Bösen überwunden habt. Ich habe euch geschrieben, Kinder, weil ihr den Vater erkannt habt. Ich habe euch, Väter, geschrieben, weil ihr den erkannt habt, der von Anfang an ist. Ich habe euch, ihr jungen Männer, geschrieben, weil ihr stark seid und das Wort Gottes in euch bleibt und ihr den Bösen überwunden habt. Liebt nicht die Welt noch was in der Welt ist! Wenn jemand die Welt liebt, ist die Liebe des Vaters nicht in ihm; denn alles, was in der Welt ist, die Begierde des Fleisches und die Begierde der Augen und der Hochmut des Lebens, ist nicht vom Vater, sondern ist von der Welt. Und die Welt vergeht und ihre Begierde; wer aber den Willen Gottes tut, bleibt in Ewigkeit. Kinder, es ist die letzte Stunde, und wie ihr gehört habt, dass der Antichrist kommt, so sind auch jetzt viele Antichristen aufgetreten; daher wissen wir, dass es die letzte Stunde ist. Von uns sind sie ausgegangen, aber sie waren nicht von uns; denn wenn sie von uns gewesen wären, würden sie wohl bei uns geblieben sein; aber sie blieben nicht, damit sie offenbar würden, dass sie alle nicht von uns sind. Und ihr habt die Salbung von dem Heiligen und habt alle das Wissen. Ich habe euch nicht geschrieben, weil ihr die Wahrheit nicht kennt, sondern weil ihr sie kennt und wisst, dass keine Lüge aus der Wahrheit ist. Wer ist der Lügner, wenn nicht der, der leugnet, dass Jesus der Christus ist? Der ist der Antichrist, der den Vater und den Sohn leugnet. Jeder, der den Sohn leugnet, hat auch den Vater nicht; wer den Sohn bekennt, hat auch den Vater. Ihr! Was ihr von Anfang an gehört habt, bleibe in euch! Wenn in euch bleibt, was ihr von Anfang an gehört habt, werdet auch ihr in dem Sohn und in dem Vater bleiben. Und dies ist die Verheißung, die er

uns verheißen hat: das ewige Leben. Dies habe ich euch im Blick auf die geschrieben, die euch verführen. Und ihr? Die Salbung, die ihr von ihm empfangen habt, bleibt in euch, und ihr habt nicht nötig, dass euch jemand belehre, sondern wie seine Salbung euch über alles belehrt, so ist es auch wahr und keine Lüge. Und wie sie euch belehrt hat, so bleibt in ihm! Und nun, Kinder, bleibt in ihm, damit wir, wenn er offenbart werden wird, Freimütigkeit haben und nicht vor ihm beschämt werden bei seiner Ankunft!" (1.Joh 2,12-28).
Dieses Kapitel gliedert sich in drei Teile:
4.1 Was bewirkt Jesus in unserem Leben?
4.2 Was hindert uns daran?
4.3 Wer hindert uns daran?

4.1 Was bewirkt Jesus in unserem Leben?
Wir erfahren dazu fünf Punkte:
a) Der erste Punkt, den Jesus in uns wirkt: „Ich schreibe euch, Kinder, weil euch die Sünden vergeben sind um seines Namens willen" (1.Joh 2,12). Jesus vergibt uns unsere Sünden. Alles Schlechte, was wir gemacht haben. Immer, wenn wir gegen die 10 Gebote verstossen haben. Gott vergibt uns Sünden „um seines Namens willen" (1.Joh 2,12; vgl. 1.Samuel 12,22; Psalm 23,3; Psalm 106,8). Was bedeutet der Name „JESUS"? „Gott ist Rettung" oder „Gott rettet" (vgl. Matthäusevangelium 1,21). Sein Name ist sein Programm: „Gott rettet". Dies ist sein innerstes Wesen und sein Auftrag (vgl. das lateinische Sprichwort: „Nomen est omen" = der Name ist das Vorzeichen/hat eine Vorbedeutung).
b) Der zweite Punkt, den Jesus in uns wirkt: „Ich schreibe euch, Väter, weil ihr den erkannt habt, der von Anfang an ist" (1.Joh 2,13a). Wer ist derjenige, der von Anfang an ist? JESUS! Über ihn heisst es am Anfang des Johannesevangeliums: „Im Anfang war das Wort" (Johannesevangelium 1,1). Ebenso am Anfang des 1.Joh: „Was von Anfang an war, was wir gehört [...] haben vom Wort des Lebens" (1.Joh 1,1). Jesus ist ewig, deshalb ist er derjenige, „der von Anfang an ist" (1.Joh 1,13a). Die zweite Auswirkung von Jesus in unserem Leben ist, dass wir ihn erkennen. Dieser Bibeltext versichert uns: „wer den Sohn [Jesus als Gott] bekennt, hat auch [Gott,] den Vater" (1.Joh 2,23). Wenn wir Jesus erkennen, erkennen

wir auch Gott, den Vater: „Ich habe euch geschrieben, Kinder, weil ihr den Vater erkannt habt" (1.Joh 2,14). Wenn wir Jesus erkennen, lernen wir auch den Heiligen Geist kennen: „Und ihr habt die Salbung von dem Heiligen und habt alle das Wissen" (1.Joh 2,20). „Die Salbung von dem Heiligen": Salben heisst im Alten Testament: Öl auf den Kopf giessen und so einen König, Priester oder Propheten in sein Amt einsetzen. Früher war Öl sehr wertvoll und deshalb ist das Öl auch ein Symbol für den Heiligen Geist. Gott schenkt uns seinen Heiligen Geist. Was bewirkt der Heilige Geist in uns? „Die Salbung, die ihr von ihm [= von Gott/Jesus] empfangen habt, bleibt in euch, und ihr habt nicht nötig, dass euch jemand belehre, sondern wie seine Salbung euch über alles belehrt, so ist es auch wahr und keine Lüge. Und wie sie [= die Salbung] euch belehrt hat, so bleibt in ihm!" (1.Joh 2,27).
Fazit: Jesus bewirkt in uns, dass wir nicht nur ihn, sondern auch Gott den Vater und Gott den Heiligen Geist erkennen, also den dreieinigen Gott in seiner Dreieinigkeit erkennen.
c) Der dritte Punkt, den Jesus in uns wirkt: „Ich schreibe euch, ihr jungen Männer, weil ihr den Bösen überwunden habt" (1.Joh 2,13b). Wer ist der Böse? Dies ist ein anderer Name für den Teufel (vgl. Matthäusevangelium 13,19; 13,39). Wenn wir an Jesus glauben, haben wir den bösen Teufel überwunden, weil Jesus ihn besiegt hat am Kreuz von Golgatha. Wir besiegen den Teufel nicht durch unsere eigene Kraft, sondern weil Jesus dies getan hat. Jesus hat am Kreuz von Golgatha den Teufel, den Tod, die Hölle, die Welt und die Sünde besiegt, weil Gott ihn von den Toten auferweckt hat. In einem kommenden Kapitel werde ich näher auf den Sieg von Jesus über den Teufel eingehen.
d) Der vierte Punkt, den Jesus in uns wirkt: „Weil ihr stark seid und das Wort Gottes in euch bleibt" (1.Joh 2,14a). Das „Wort Gottes" ist die Bibel (vgl. Lukasevangelium 24,44). Wie können wir stark sein oder stark werden und in der Bibel, im Wort Gottes, bleiben? Es gibt viele unterschiedliche Möglichkeiten, weil wir Menschen alle unterschiedlich sind. Einige Möglichkeiten haben sich jedoch über viele Jahrhunderte bewährt: Beispielsweise regelmässig einen Hauskreis zu besuchen, regelmässig eine Gebetsstunde zu besuchen, regelmässig einen Bibelabend zu besuchen, regelmässig einen Gottesdienst zu besuchen, regelmässig zu Hause eine Predigt

zu lesen oder auf youtube.com zu hören, regelmässig einen christlichen Radiosender zu hören, beispielsweise Life Channel oder erf.de, regelmässig das „Fenster zum Sonntag" zu schauen, regelmässig vor dem Morgenessen den Bibelvers auf einem Abreisskalender zu lesen oder die Losungen der Herrnhuter (auch als kostenloses App für das Smartphone erhältlich: „Losungen"), regelmässig stille Zeit zu machen, also selber in der Bibel zu lesen und zu beten. Ich betone die Regelmässigkeit, weil wir nur stark werden und bleiben, wenn wir in „Gottes Wort bleiben": „Bleiben" beinhaltet Dauer und Regelmässigkeit.

Als ich einmal eine berufliche Krise durchleben musste und nicht einschlafen konnte, schlug ich um Mitternacht die Bibel auf und las zwei Psalmen. Wie ein Blitz durchfuhr es mich. Ich musste laut lachen und meine Stimmung löste sich augenblicklich. So erhielt ich neue Kraft, so dass ich nicht aufgab, sondern trotz Widerständen eine schwierige Situation in Angriff nahm. Gott hat durch die Bibel zu mir gesprochen und mich so gestärkt.

Gott verspricht uns, dass wir weiterhin mit ihm Gemeinschaft haben, wenn wir in seinem Wort, der Bibel, bleiben: „Ihr! Was ihr von Anfang an gehört habt, bleibe in euch! Wenn in euch bleibt, was ihr von Anfang an gehört habt, werdet auch ihr in dem Sohn und in dem Vater bleiben" (1.Joh 2,24).

e) Der fünfte Punkt, den Jesus in uns wirkt: „Und dies ist die Verheißung, die er uns verheißen hat: das ewige Leben" (1.Joh 2,25). Jesus wirkt in uns die Hoffnung auf das ewige Leben bei Gott. Was ist das ewige Leben? In der Bibel ist das ewige Leben ein anderes Wort für den Himmel. Vielleicht kommt dir jetzt Folgendes in den Sinn: „Ich bin so fromm, so fromm, damit ich in den Himmel komm!" Nein, es liegt nicht an unserer Frömmigkeit, sondern weil Jesus gestorben und auferstanden ist und er ewig lebt, hat unser Leben einen Ewigkeitswert, wenn wir an ihn glauben.

4.2 Was hindert uns daran?
Was hindert uns daran, die Auswirkungen von Jesus in unserem Leben zu haben? „Er [= Jesus] war in der Welt, und die Welt wurde durch ihn, und die Welt kannte ihn nicht" (Johannesevangelium 1,10). Die Welt kennt Jesus nicht. Sie will von ihm nichts wissen (vgl. Johannesevangelium 3,19-21). Deshalb

warnt uns Johannes: „Liebt nicht die Welt noch was in der Welt ist! Wenn jemand die Welt liebt, ist die Liebe des Vaters nicht in ihm" (1.Joh 2,15).

Drei Dinge können uns von der Liebe Gottes wegbringen, weil sie uns von Gott ablenken: „Denn alles, was in der Welt ist, die Begierde des Fleisches und die Begierde der Augen und der Hochmut des Lebens, ist nicht vom Vater, sondern ist von der Welt" (1.Joh 2,16).

a) „Die Begierde des Fleisches": Ein heutiges Wort dafür wäre wohl der Egoismus, wenn wir nur an uns denken und nicht an andere.

b) „Die Begierde der Augen": Wenn wir etwas anschauen und unbedingt haben wollen. Sie kann sich auf Dinge oder Personen richten. Es kann auch eine sexuelle Komponente haben: König David schaute mit seinen Augen seine nackte Nachbarin Batseba an, bevor er mit ihr Ehebruch beging (vgl. 2.Samuel 11,2). „Die Begierde der Augen" ist, wenn wir jemanden begehren, der nicht unser Ehepartner ist. Ausserdem stehen Männer in der Gefahr, Pornographie zu konsumieren. Frauen stehen in der Gefahr, Liebesromane zu konsumieren, die falsche Begierden wecken.

c) „Der Hochmut des Lebens" ist das Prahlen, Blöffen und der Stolz. Wenn wir mit teuren Sachen angeben, um andere zu beeindrucken, um ihnen zu imponieren. Heutzutage beispielsweise: Bei Männern Autos oder die berufliche Stellung. Bei Frauen vielleicht eher Schmuck oder die neue Wohnungseinrichtung.

Fazit: „Die Begierde des Fleisches und die Begierde der Augen und der Hochmut des Lebens" (1.Joh 2,15) können viele Dinge darstellen. Wichtig ist mir, festzuhalten, dass Gott nichts dagegen hat, wenn wir etwas Schönes besitzen (vgl. das Gebot: „Du sollst nicht stehlen" [2.Mose 20,15]). Unser Besitz soll jedoch nicht zu einem Götzen werden, er soll also nicht den ersten Rang in unserem Leben einnehmen, der nur dem dreieinigen Gott zusteht. Jede und jeder von uns weiss genau, in welchem Bereich sie oder er am meisten Probleme hat und in der Gefahr steht, etwas anderes als Gott zu verehren. „Und die Welt vergeht und ihre Begierde; wer aber den Willen Gottes tut, bleibt in Ewigkeit" (1.Joh 2,17). Wenn wir unser Leben auf Gott ausrichten, können wir diesen Begierden widerstehen.

4.3 Wer hindert uns daran?
Wer hindert uns daran, die Auswirkungen von Jesus in unserem Leben zu haben? „Kinder, es ist die letzte Stunde, und wie ihr gehört habt, dass der Antichrist kommt, so sind auch jetzt viele Antichristen aufgetreten" (1.Joh 2,18).
a) Ein „Antichrist" ist jemand, der anti = „gegen" Christus ist und sich anti = „an die Stelle" von Christus setzt.
b) Woher kommen die Antichristen? „Von uns sind sie ausgegangen, aber sie waren nicht von uns; denn wenn sie von uns gewesen wären, würden sie wohl bei uns geblieben sein; aber sie blieben nicht, damit sie offenbar würden, dass sie alle nicht von uns sind" (1.Joh 2,19). Die Antichristen kommen aus der Kirche! Sie schaden der Kirche von innen her.
c) Was macht ein Antichrist? „Wer ist der Lügner, wenn nicht der, der leugnet, dass Jesus der Christus ist? Der ist der Antichrist, der den Vater und den Sohn leugnet" (1.Joh 2,22). Ein Antichrist streitet ab, dass Jesus der Christus ist. Er verneint, dass Jesus der Messias ist, der gesalbte König, der Sohn Gottes, Gott im Fleisch, Gott selber. Ein Antichrist lehnt ab, dass Jesus Gott ist. Bereits damals gab es Leute, die behaupteten, dass Jesus nur ein gewöhnlicher Mensch war, aber nicht Gott. Damit nicht genug: Antichristen „verführen" (1.Joh 2,26) andere, dass auch sie ablehnen, dass Jesus Gottes Sohn ist. Auch heutzutage ist dies eine Gefahr in der Theologie der staatlichen Universitäten und in der reformierten Kirche. An der Stelle von Jesus als Gott tritt nur der Mensch Jesus als Lehrer der Menschheit.
Gott warnt uns eindringlich davor: „Jeder, der den Sohn [Jesus] leugnet, hat auch [Gott] den Vater nicht" (1.Joh 2,23a).
Wir sollten nicht Vermutungen anstellen über den Antichristen in der Endzeit, sondern uns auf Jesus, den wahren Christus, ausrichten. Alles andere ist Spekulation, die nichts bringt.

Schluss
Das EVANGELIUM ist die frohe Botschaft und gute Nachricht: Gott bietet uns heute eine Neuausrichtung unseres Lebens an. Wenn wir gemerkt haben, dass uns jemand oder etwas daran hindert, diese Auswirkungen von Jesus anzunehmen, können wir dies in einem Gebet vor Gott bringen. Beispielsweise so: „Lieber

Gott, du siehst, dass etwas oder jemand mich von dir abhält. Bitte nimm das aus meinem Leben weg. Bitte komme in mein Leben." Wenn wir so beten, nimmt Gott das Hindernis zwischen uns und ihm weg und Jesus wirkt in uns fünf Dinge:
a) Wir erkennen, wer der dreieinige Gott ist: Gott Vater, Gott Sohn und Gott der Heilige Geist.
b) Wir erkennen, dass Jesus uns unsere Sünde vergeben hat.
c) Wir erkennen, dass Jesus den bösen Teufel und alles Böse besiegt hat und uns an diesem Sieg beteiligt.
d) Wir erkennen, dass wir regelmässig die Bibel, das Wort Gottes, in uns aufnehmen müssen, um stark zu bleiben.
e) Wir erkennen, dass Jesus uns das ewige Leben im Himmel schenkt.

Anmerkungen
a) Bei der Liebe zur Welt gibt es einen Unterschied zwischen uns und Gott. Jesus spricht: „Denn so hat Gott die Welt geliebt, dass er seinen eingeborenen Sohn gab, damit jeder, der an ihn glaubt, nicht verloren geht, sondern ewiges Leben hat" (Johannesevangelium 3,16). Gott liebt uns Sünder, aber er hasst die Sünde.
b) Jesus ist König, Priester und Prophet:
Jesus ist der „Christus". Christus heisst: der Gesalbte. Gemeint ist: der gesalbte König. Jesus ist der „König der Könige" (Offenbarung 17,14). Alle, die an ihn glauben, gehören zur „königlichen Priesterschaft" (1.Petrusbrief 2,9; vgl. Offenbarung 1,6a), sind also selber Königskinder, Prinzessinnen und Prinzen.
Jesus ist der „Hohepriester in Ewigkeit" (Hebräerbrief 6,20). Alle, die an ihn glauben, werden selber zu Priesterinnen oder „Priestern" (Offenbarung 1,6a). Jeder von uns kann selber mit Gott Kontakt aufnehmen und mit ihm eine persönliche Beziehung führen. Wir brauchen keinen Priester als Mittler zu Gott.
Jesus ist der „Prophet" (Matthäusevangelium 11,9). Ein Prophet ist ein Sprachrohr Gottes. Jesus redet von Gott her. Alle, die an ihn glauben, werden selber zu Propheten, sie reden auch von Gott her. Wenn wir beispielsweise jemanden mit einem Bibelvers ermutigen, haben wir ein Wort Gottes weitergegeben.
c) Der Antichrist heisst im Neuen Testament auch: Der „Mensch der Gesetzlosigkeit" (2.Thessalonicher 2,3). Jesus nennt

Antichristen auch: „falsche Propheten" (Matthäusevangelium 24,11). Ich bin davon überzeugt, dass es mehrere Antichristen gibt und schon gegeben hat: Bereits Kaiser Nero verfolgte die Christen im Jahr 56 n.Chr in Rom. Die Diktatoren des 20.Jahrhunderts Hitler, Stalin, Mao, Mussolini, Ceauşescu usw. waren meiner Meinung nach auch Antichristen. Der Diktator Nicolae Ceauşescu trug Titel wie Großer Kommandant, Titan der Titanen, die glorreiche Eiche aus Scorniceşti oder Sohn der Sonne. Ausserdem liess er sich auch „der Auserwählte" oder „unser irdischer Gott" nennen. Heute noch am geläufigsten ist jedoch die Bezeichnung „Genie der Karpaten" [Wikipediaartikel Ceauşescu, 18.09.2015]. Auch einige Philosophen hatten antichristliche Züge: Friedrich Nietzsche veröffentlichte ein Buch mit Namen „Antichrist", in dem er das Christentum angriff.

Fragen für den Hauskreis
a) Was hilft dir, dass das Wort Gottes in dir bleibt?
b) In welchem Bereich deines Lebens stehst du in der Gefahr, die Welt mehr zu lieben als Gott? Zwischenmenschliche Beziehungen, Geld, Prioritätensetzung, Ehrgeiz, Ansehen usw.
c) Jesus befähigt uns für seinen Dienst im Reich Gottes. In welcher Situation nimmst du deine Stellung als König(in), Priester(in) oder Prophet(in) ein?

5.Gott bleibt in dir!
„Wenn ihr wisst, dass er gerecht ist, so erkennt, dass auch jeder, der die Gerechtigkeit tut, aus ihm geboren ist. Seht, welch eine Liebe uns der Vater gegeben hat, dass wir Kinder Gottes heißen sollen! Und wir sind es. Deswegen erkennt uns die Welt nicht, weil sie ihn nicht erkannt hat. Geliebte, jetzt sind wir Kinder Gottes, und es ist noch nicht offenbar geworden, was wir sein werden; wir wissen, dass wir, wenn es offenbar werden wird, ihm gleich sein werden, denn wir werden ihn [= Gott oder Jesus] sehen, wie er ist. Und jeder, der diese Hoffnung auf ihn hat, reinigt sich selbst, wie auch jener rein ist. Jeder, der die Sünde tut, tut auch die Gesetzlosigkeit, und die Sünde ist die Gesetzlosigkeit. Und ihr wisst, dass er offenbart worden ist, damit er die Sünden wegnehme; und Sünde ist nicht in ihm. Jeder, der in ihm bleibt, sündigt nicht; jeder, der

sündigt, hat ihn nicht gesehen noch ihn erkannt. Kinder, niemand verführe euch! Wer die Gerechtigkeit tut, ist gerecht, wie er gerecht ist. Wer die Sünde tut, ist aus dem Teufel, denn der Teufel sündigt von Anfang an. Hierzu ist der Sohn Gottes offenbart worden, damit er die Werke des Teufels vernichte. Jeder, der aus Gott geboren ist, tut nicht Sünde, denn sein Same bleibt in ihm; und er kann nicht sündigen, weil er aus Gott geboren ist. Hieran sind offenbar die Kinder Gottes und die Kinder des Teufels: Jeder, der nicht Gerechtigkeit tut, ist nicht aus Gott, und wer nicht seinen Bruder liebt" (1.Joh 2,29-3,10).

Das EVANGELIUM, die frohe Botschaft und gute Nachricht, lautet: Gott liebt uns! Gott versorgt uns! Soweit so gut. Viele werden jetzt nachfragen: Aber was heisst das genau? Was bedeutet das für mein persönliches Leben, dass Gott mich liebt und mich versorgt? Im Text erfahren wir drei Punkte dazu:

5.1 Jesus macht uns zu Kindern Gottes!
5.2 Jesus schenkt uns das ewige Leben!
5.3 Jesus erlöst uns von dem Bösen!

5.1 Jesus macht uns zu Kindern Gottes!
„Wenn ihr wisst, dass er [= Jesus] gerecht ist, so erkennt, dass auch jeder, der die Gerechtigkeit tut, aus ihm geboren ist. Seht, welch eine Liebe uns der Vater gegeben hat, dass wir Kinder Gottes heißen sollen! Und wir sind es" (1.Joh 2,29-3,1a). Zuerst zum ersten Punkt: Jesus macht uns zu Kindern Gottes! Das EVANGELIUM bedeutet, dass wir ein Kind Gottes werden können. Ich sage bewusst: „werden können" und nicht einfach: Wir sind es alle automatisch Kinder Gottes. Der Grund dafür ist: „Er [= Jesus] kam in das Seine, und die Seinen nahmen ihn nicht an" (Johannesevangelium 1,11). Jesus kam in diese Welt, aber viele glaubten nicht an ihn. So war es nicht nur dazumals, sondern so ist es auch heute. Der Vers geht aber weiter: „So viele ihn [= Jesus] aber aufnahmen, denen gab er das Recht, Kinder Gottes zu werden, denen, die an seinen Namen glauben" (Johannesevangelium 1,12). Wir sind nicht alle automatisch Kinder Gottes, aber wenn wir Jesus bewusst in unser Leben aufnehmen, werden wir zu Kindern Gottes. Wie kann dies geschehen? In einem einfachen Gebet. Beispielsweise so: „Lieber Gott, ich habe bisher ohne dich gelebt.

Jetzt möchte ich aber Jesus aufnehmen in mein Leben. Amen."
Wenn wir so beten, kommt Jesus in unser Leben. Gott der Vater adoptiert uns als seine Kinder, weil Jesus dies uns ermöglicht hat.

5.2 Jesus schenkt uns das ewige Leben!
Der zweite Punkt ist: Jesus schenkt uns das ewige Leben! „Wir wissen, dass wir, wenn es offenbar werden wird, ihm gleich sein werden, denn wir werden ihn sehen, wie er ist" (1.Joh 3,2b). Gott ist unsichtbar, doch im Himmel werden wir „sein Angesicht" (Offenbarung 22,4) anschauen. Dies wird uns für immer verändern. Im ewigen Leben, im Himmel, werden wir Menschen Gott „gleich" werden. Eine unglaubliche Aussage! Vielleicht ist dies jetzt etwas Neues für dich oder du findest es komisch oder unangebracht. Wir Menschen werden im Himmel Gott sehen und so selber zu Gott werden. Dies ist der Kern des EVANGELIUMS, der frohen Botschaft und der guten Nachricht: Gott der Sohn Jesus ist Mensch geworden, damit wir Menschen nach unserem Tod Gott werden können!
Jesus spricht davon, dass wir im Himmel „wie Engel" sein werden (Matthäusevangelium 22,30). Engel sind ja auch übernatürliche Wesen, die Gott ähnlich sind.
Es gibt im Alten Testament, im Propheten Jesaja, eine längere Passage über den Himmel:
„Und der Wolf wird beim Lamm weilen und der Leopard beim Böckchen lagern. Das Kalb und der Junglöwe und das Mastvieh werden zusammen sein, und ein kleiner Junge wird sie treiben. Kuh und Bärin werden miteinander weiden, ihre Jungen werden zusammen lagern. Und der Löwe wird Stroh fressen wie das Rind. Und der Säugling wird spielen an dem Loch der Viper und das entwöhnte Kind seine Hand ausstrecken nach der Höhle der Otter. Man wird nichts Böses tun noch verderblich handeln auf meinem ganzen heiligen Berg. Denn das Land wird voll von Erkenntnis des HERRN sein, wie von Wasser, das das Meer bedeckt" (Jesaja 11,6-9). Fazit dieses Zitates: Im Himmel werden auch die Tiere in Harmonie miteinander leben, es wird nicht mehr das stärkere Tier das schwächere auffressen.
Die Bibel schildert uns den Himmel als einen Ort, wo Gott wohnt (vgl. Offenbarung 21,3) und Freude ist (vgl. Offenbarung 21,4).

Wir werden dort nicht nur die Menschen sehen, die an Jesus geglaubt haben, sondern es wird auch andere Lebewesen haben wie Tiere (vgl. Jesaja 11,6-9) und Pflanzen (vgl. Offenbarung 22,2). Auch Engel (vgl. Offenbarung 5,11) werden dort sein.
Augustinus, ein Kirchenschriftsteller, las die ganze Bibel und fasste alle Aussagen der Bibel über den Himmel zusammen und brachte sie auf vier griffige Stichworte: „Dort werden wir feiern und schauen, schauen und lieben, lieben und loben" (Der Gottesstaat 22,30). Im Himmel werden wir Gott feiern, lieben, loben und sehen. Dies wird unsere tiefste Sehnsucht nach Liebe, Annahme und Freude stillen.
Vielleicht glaubst du gar nicht an ein Leben nach dem Tod, sondern du sagst: „Nach dem Tod ist alles aus." Ich kann diese Meinung verstehen. Manchmal habe ich Zweifel an Gott und dem ewigen Leben. Was mir dann hilft: Viele Menschen, die ein sogenanntes Nahtoderlebnis hatten, also die klinisch tot waren und dann wieder zum Leben gekommen sind, erzählen ähnliche Dinge von der Himmel und der Hölle wie sie in der Bibel stehen. Und das, obwohl einige die Bibel gar nicht gekannt haben oder nicht einmal das Christentum kannten. Wenn man sich näher mit Himmel und Hölle beschäftigt, wird man wohl feststellen, dass mehr dahinter ist, als man zunächst vermutet.
Was bedeutet der Himmel für uns? „Und [jede und] jeder, [die oder] der diese Hoffnung auf ihn [= Jesus] hat, reinigt sich selbst, wie auch jener rein ist" (1.Joh 3,3). Diese Hoffnung auf den Himmel bewirkt in uns, dass wir bereits in diesem Leben Jesus ähnlich werden wollen. Diese Hoffnung bewirkt, dass wir seien Aussagen in der Bibel ernst nehmen für unseren Alltag. Wenn wir zum Beispiel regelmässig in der Bibel lesen, reinigt Gott unsere Gedanken.

5.3 Jesus erlöst uns von dem Bösen!
Der dritte Punkt ist: Jesus erlöst uns von dem Bösen! Im Unser-Vater-Gebet beten wir: „Und erlöse uns von dem Bösen" (Matthäusevangelium 6,13b). Im Text wird dies mit anderen Worten so ausgedrückt: „Hierzu ist der Sohn Gottes [Jesus] offenbart worden, damit er die Werke des Teufels vernichte" (1.Joh 3,8b). Das finde ich so wunderbar an Jesus: Er hat nicht nur Reden

geschwungen, sondern er hat auch gehandelt. Jesus ist auf diese Erde gekommen, um das Böse und den Bösen zu besiegen. Was ist das Böse? Alles, was uns gefangen nimmt. Was uns unsere Freiheit raubt:
a) Zum einen die Sünde: „Jeder, der die Sünde tut, tut auch die Gesetzlosigkeit, und die Sünde ist die Gesetzlosigkeit" (1.Joh 3,4). Sünde ist, wenn wir gegen die 10 Gebote, gegen das Gesetz von Gott, verstossen. „Und ihr wisst, dass er [= Jesus] offenbart worden ist, damit er die Sünden wegnehme; und Sünde ist nicht in ihm" (1.Joh 3,5). Jesus selber hat in seinem ganzen Leben nie einen Fehler oder eine Sünde begangen. Deswegen konnte er auch unsere Sünden von uns wegnehmen und selber tragen am Karfreitag im Jahr 30 n. Chr. am Kreuz von Golgatha. Jesus hat unsere Sünde getragen und dadurch vernichtet.
b) Zum anderen ist das Böse auch das Übernatürliche: Die Esoterik und okkulte Praktiken. Ich will nicht näher darauf eingehen. Diese Sachen können in uns unter anderem Alpträume, Depressionen und Selbstmordgedanken auslösen. Wenn dich etwas belastet, ist es am besten, dies in einem Gebet vor Gott zu bringen. Jesus ist stärker als das Böse. Wenn du für dich beten lassen möchtest, gehst du am besten auf jemanden zu, dem du vertraust.
Ein Kollege von mir hat sich in die Esoterik verstrickt und okkulte Praktiken ausgeübt. Er hatte regelmässig Alpträume und konnte nicht schlafen. Er bat mich, für ihn zu beten. Ich habe für ihn gebetet, dass Jesus ihn vom Bösen befreit. Aber er wollte nicht mit der Esoterik und den okkulten Praktiken aufhören. Jesus bedrängt uns nicht. Er zwingt uns weder, ein Kind Gottes zu werden, noch das ewige Leben zu erhalten, noch uns vom Bösen zu erlösen. Wenn wir dies nicht wollen, macht er es auch nicht.

Anmerkungen
a) Im Garten Eden (= Paradies) versuchte der Teufel in der Gestalt der Schlange die ersten Menschen Adam und Eva, dass sie von der Frucht der Erkenntnis essen und so „werden wie Gott" (1.Mose 3,5). Die Folge davon war der Sündenfall. Das Grundproblem von uns Menschen ist, dass wir Gott nicht als unseren Herrn haben wollen, sondern dass wir unser eigener Herr und Gott sein wollen. Was wir Menschen jedoch nicht aus eigener Kraft und Anstrengung

erreichen können, schenkt uns Gott, weil er uns liebt. Im Himmel werden wir selber Gott sein, ein Gott zweiter Ordnung.
b) Für uns Schweizer ist es einfach, ein Kind Gottes zu werden. Manchmal werden wir vielleicht ausgelacht, wenn wir zu Jesus stehen. In anderen Ländern werden Christen benachteiligt oder sogar verfolgt, weil sie zu Jesus gehören. „Deswegen erkennt uns die Welt nicht, weil sie ihn nicht erkannt hat" (1.Joh 3,1b).
c) Berichte über Nahtoderfahrungen zu Himmel und Hölle: www.lebensentscheidung.de

Fragen für den Hauskreis
a) Was bedeutet es für dich, ein Kind Gottes zu sein?
b) Welche weiteren Hoffnungen hat ein(e) Christ(in)?
c) Wie können wir die Hoffnung auf die Wiederkunft von Jesus und den Himmel in unserem Alltag bewahren oder gar stärken?
d) Gibt es Bereiche in deinem Leben, in denen Jesus dich vom Bösen befreien muss? Betet zusammen.
e) Wann fällt es dir schwer, deinen Mitmenschen zu lieben?
f) Betet für die verfolgten Christen.

6.Gott vernichtet deine Gewissensbisse!
„Denn dies ist die Botschaft, die ihr von Anfang an gehört habt, dass wir einander lieben sollen. Nicht wie Kain sollen wir sein, der aus dem Bösen war und seinen Bruder ermordete. Und weshalb ermordete er ihn? Weil seine Werke böse waren, die seines Bruders aber gerecht. Wundert euch nicht, Brüder, wenn die Welt euch hasst. Wir wissen, dass wir aus dem Tod in das Leben hinübergegangen sind, weil wir die Brüder lieben; wer nicht liebt, bleibt im Tod. Jeder, der seinen Bruder hasst, ist ein Menschenmörder, und ihr wisst, dass kein Menschenmörder ewiges Leben bleibend in sich hat. Hieran haben wir die Liebe erkannt, dass er für uns sein Leben hingegeben hat; auch wir sind schuldig, für die Brüder das Leben hinzugeben. Wer aber irdischen Besitz hat und sieht seinen Bruder Mangel leiden und verschließt sein Herz vor ihm, wie bleibt die Liebe Gottes in ihm? Kinder, lasst uns nicht lieben mit Worten noch mit der Zunge, sondern in Tat und Wahrheit. Hieran werden wir erkennen, dass wir aus der Wahrheit

sind, und wir werden vor ihm unser Herz zur Ruhe bringen, dass, wenn das Herz uns verurteilt, Gott größer ist als unser Herz und alles kennt. Geliebte, wenn das Herz uns nicht verurteilt, haben wir Freimütigkeit zu Gott, und was immer wir bitten, empfangen wir von ihm, weil wir seine Gebote halten und das vor ihm Wohlgefällige tun. Und dies ist sein Gebot: dass wir an den Namen seines Sohnes Jesus Christus glauben und einander lieben, wie er es uns als Gebot gegeben hat. Und wer seine Gebote hält, bleibt in ihm und er in ihm; und hieran erkennen wir, dass er in uns bleibt; durch den Geist, den er uns gegeben hat" (1.Joh 3,11-24).
Die Reformation hat viel mit dem Reformator Martin Luther zu tun, der im Jahr 1517 seine 95 Thesen gegen den Ablasshandel an die Türe der Schlosskirche in Wittenberg angenagelt hat. Dadurch hat er die Reformation ins Rollen gebracht.
Dieses Kapitel gliedert sich in zwei Teile:
6.1 Martin Luthers Gewissen
6.2 Unser Gewissen

6.1 Martin Luthers Gewissen
Der erste Punkt ist Martin Luther. Martin Luther lebte vor 500 Jahren in Wittenberg, im heutigen Deutschland. Als er am 02.07.1505 auf einer Reise bei Stotternheim in der Nähe von Erfurt war, schlug plötzlich neben ihm ein Blitz! Tief erschrocken versprach er Gott: „Ich will ein Mönch werden!" Er wollte sich von der Welt lösen und in ein frommes Kloster gehen: „Niemals dachte ich das Kloster zu verlassen. Ich war der Welt ganz abgestorben" (Tischreden 4,4707). Ihn plagte aber oft ein schlechtes Gewissen: Er war sich nie sicher, ob Gott mit ihm zufrieden war. Sein Gewissen klagte ihn stets an. Aber schon bald merkte er, dass auch sein Leben im Kloster ihn nicht näher zu Gott brachte. Sein Gewissen klagte ihn weiterhin an. Originalzitat von Luther: „Ich war damals unter dem Papst ein über die Massen trauriger Mönch und immer in den grössten Drangsalen" (Tischreden 4,4362). Er litt sehr. Warum? „Die Worte <gerecht> und <Gerechtigkeit Gottes> wirkten auf mein Gewissen wie ein Blitz; hörte ich sie, so entsetzte ich mich: Ist Gott gerecht, so muss er [mich] strafen" (Tischreden 3,3232c). Er hatte also Angst vor dem strafenden Gott.
Als Mönch studierte Martin Luther regelmässig die Bibel und las

täglich darin. Plötzlich ging ihm ein Licht auf, als er im Schlossturm war, in seinem Studierzimmer. Originalzitat: „Denn die Gerechtigkeit Gottes besteht darin, dass wir durch [Jesus] Christus gerechtfertigt und erlöst werden" (Tischreden 3,3232c). In eigenen Worten ausgedrückt: Luther erkannte, dass nicht er immer frömmer werden muss, um Gott näher zu kommen, sondern dass Gott bereits zu ihm gekommen ist in Jesus Christus. Ihm wurde klar: Wenn er immer nur auf sein Gewissen schaut, kann er nie sicher sein, ob Gott ihn angenommen hat. Aber Gott hat ihn angenommen als sein Kind, weil Jesus dies ermöglicht hat durch seinen Tod am Kreuz und seine Auferstehung von den Toten. So kam endlich sein Gewissen zur Ruhe. Im heutigen Bibeltext wird dies so ausgedrückt: „Hieran haben wir die Liebe [Gottes] erkannt, dass er [= Jesus] für uns sein Leben hingegeben hat" (1.Joh 3,16a). Jesus hat dies für uns getan. Er hat uns die Liebe von Gott gebracht. Martin Luther entdeckte dadurch das EVANGELIUM neu: Die frohe Botschaft und gute Nachricht: Nicht wir müssen uns zu Gott mit unseren „guten" Werken hocharbeiten, sondern Gott kommt in Jesus zu uns, um uns zu erretten und uns ein gutes Gewissen zu geben, weil er uns unendlich fest liebt.

6.2 Unser Gewissen
Der zweite Punkt ist: Unser Gewissen. Gott hat jedem Menschen ein Gewissen gegeben: „Denn wenn Nationen, die kein Gesetz haben, von Natur dem Gesetz entsprechend handeln, so sind diese, die kein Gesetz haben, sich selbst ein Gesetz. Sie beweisen, dass das Werk des Gesetzes in ihren Herzen geschrieben ist, indem ihr Gewissen mit Zeugnis gibt und ihre Gedanken sich untereinander [entweder] anklagen oder auch entschuldigen" (Römerbrief 2,14-15). Gott hat jedem Menschen ein Gewissen gegeben. Das Gewissen sagt uns, was „gut und böse" (1.Mose 3,5) ist. Egal, in welcher Kultur sie oder er hineingeboren wurde. Auch Ureinwohner, Aborigines, die im Dschungel leben, haben ein Gewissen, auch wenn sie vielleicht keine aufgeschriebenen Gesetze haben.
a) Wenn wir ein schlechtes Gewissen haben, kann dies einerseits davon kommen, dass wir einen Fehler begangen haben. Vielleicht warst du frech zu deinen Eltern. Oder du räumst dein Zimmer nicht

auf, obwohl sie es dir schon oft gesagt haben. Oder du hast in der Schule jemandem extra zuleide gewerkt. Wir Erwachsenen sind vielleicht zu schnell Auto gefahren und haben so andere in Gefahr gebracht. Bei Senioren ist es vielleicht der Klatsch und Tratsch, den man weitergibt. Es ist bei jeder und jedem von uns etwas anderes. Gott lädt uns heute ein, diesen Fehler vor ihm einzugestehen und Vergebung zu finden. Wenn wir ihm unsere Fehler, der unser Gewissen belastet, in einem einfachen Gebet bekennen, dann vergibt er uns. Beispielsweise so: „Lieber Gott, du siehst, dass ich diesen Fehler gemacht habe. Bitte vergib mir. Hilf mir, dass ich ihn nicht mehr begehe. Amen."
Gott verspricht uns: „Geliebte, wenn das Herz uns nicht verurteilt, haben wir Freimütigkeit zu Gott" (1.Joh 3,21). Wenn unser Gewissen uns nicht mehr anklagt, haben wir einen freien Zugang zu Gott. Was nützt uns dieser Zugang zu Gott? „Was immer wir [von Gott] bitten, empfangen wir von ihm, weil wir seine Gebote halten und das vor ihm Wohlgefällige tun" (1.Joh 3,22). Wenn wir zu Gott beten, erfahren wir, dass Gott unsere Gebete erhört, wenn wir seinen Willen tun und ihn um etwas bitten, was seinem Willen entspricht.
Vielleicht kennst du das Sprichwort: „Ein gutes Gewissen ist ein sanftes Ruhekissen." Wenn wir ein gutes Gewissen haben, haben wir wahrscheinlich weniger Probleme beim Einschlafen und leben auch sonst im „Frieden mit Gott" (Römerbrief 5,1).
b) Andererseits können wir aber auch ein schlechtes Gewissen haben, ohne dass wir einen Fehler begangen haben: Unser Gewissen ist einfach nicht richtig eingestellt. Vielleicht hat das Gewissen einmal durch eine schlimme Situation eine Überlastung erlebt. Dann schenkt uns Gott heute neuen Mut und Hoffnung: „Wenn das Herz uns verurteilt, [ist] Gott grösser [...] als unser Herz" (1.Joh 3,20a). Wenn wir den Fehler, den wir begangen haben, vor Gott gelegt und ihn um Vergebung gebeten haben, gibt es irgendwann einen Punkt, wo wir nicht länger ein schlechtes Gewissen haben müssen. Auch wenn wir es dann noch nicht fühlen, Gott hat uns vergeben! Was uns dabei hilft: Wenn wir unser Gewissen regelmässig am Massstab der Bibel ausrichten und unser Gewissen von der Bibel her prägen lassen.
c) Es kann auch sein, dass unser Gewissen abgestumpft ist, weil

wir uns so weit von Gott entfernt haben, dass wir das „Böse gut nennen und das Gute böse" (Jesaja 5,20a). Auch dann hilft es, wenn wir uns neu an der Bibel als Massstab orientieren und unser Gewissen neu von der Bibel her prägen lassen. Dies geschieht teilweise in Gefängnissen, wenn Insassen das erste Mal in ihrem Leben mit der Botschaft der Bibel in Berührung kommen.

Johannes schreibt: „Hieran werden wir erkennen, dass wir aus der Wahrheit sind, und wir werden vor ihm unser Herz zur Ruhe bringen" (1.Joh 3,19). Wichtig ist mir, dass wir nicht versuchen, unser Herz und Gewissen selber „zur Ruhe zu bringen". Beispielsweise durch psychologische Techniken oder indem wir die begangenen Fehler einfach kleinreden. Wir können es nämlich gar nicht, auch wenn wir es uns einreden. „Wir werden vor ihm [= Gott] unser Herz zur Ruhe bringen" (1.Joh 3,19). Wenn wir wie anfangs Martin Luther immer nur auf unser Gewissen blicken und uns fragen, ob wir fromm genug sind, damit Gott uns angenommen hat, führt uns dies nicht weiter. Wenn wir aber auf Jesus blicken, kommt unser Gewissen zur Ruhe, egal, ob es uns zu recht anklagt oder zu unrecht. Jesus hat uns alle Fehler vergeben, wenn wir ihn darum gebeten haben.

Schluss

„Ein gutes Gewissen ist ein sanftes Ruhekissen." Das wünsche ich uns allen, dass wir unser Gewissen anhand von Jesus und der Bibel zur Ruhe bringen können. „Wenn das Herz uns nicht verurteilt, haben wir Freimütigkeit zu Gott" (1.Joh 3,21).

Anmerkungen

a) „Unruhig/ruhelos ist unser Herz, bis es Ruhe findet in dir, Herr" (Aurelius Augustinus, Bekenntnisse 1,1).

b) „Geliebte, wenn das Herz uns nicht verurteilt, haben wir Freimütigkeit zu Gott" (1.Joh 3,21). Johannes schreibt im Bibeltext von „Herz" und nicht von „Gewissen". Im Alten Testament, beispielsweise in den Psalmen, ist oft vom „Herz" die Rede. Das „Herz" ist das Zentrum des Menschen und der Sitz des Gewissens. Deswegen stelle ich hier die Begriffe „Herz" und „Gewissen" auf die selbe Stufe. Für uns heute hat „Herz" eher mit Liebe und Herzschmerz zu tun.

c) Martin Luther hat einen so grossen Einfluss auf unsere Kultur, dass im Artikel „Gewissen" auf Wikipedia, dem Online-Lexikon, sogar steht: „Die heutige Bedeutung von *Gewissen* geht wesentlich auf Martin Luther zurück" (Wikipediaartikel „Gewissen", 30.10.2015).
d) Die fünf Kernpunkte der Reformation:
- „Allein zur Ehre Gottes", nicht zur Ehre des Menschen.
- „Allein die Bibel". Nur die Bibel ist entscheidend für unseren protestantischen Glauben. Was ist damit gemeint? Katholische und orthodoxe Christen haben das Alte und das Neue Testament wie wir. Sie haben aber auch die Spätschriften des Alten Testaments, auch „Apokryphen" (= „verborgene" Schriften) genannt. Das Alte Testament endet mit den Propheten Haggai und Sacharja, die 400 v. Chr. lebten. Die Spätschriften enthalten unter anderem die Geschichte, was zwischen 400 v. Chr. und dem Jahr 0 geschehen ist. Das Motto: „Allein die Bibel" bedeutet auch, dass die Meinungen der Kirchenväter nicht ausschlaggebend sind für unseren Glauben.
- „Allein durch Gnade" errettet Gott uns, nicht wegen unserem eigenen Verdienst (vgl. Römerbrief 3,23-24).
- „Allein aus Glaube" errettet Gott uns, nicht wegen unseren Werken oder wegen unserem Geld, dem sogenannten Ablass, den wir der Kirche bezahlen (vgl. Epheserbrief 2,8; Römerbrief 3,28).
- „Allein Jesus" verehren wir, nicht Heilige oder Maria. „Und dies ist sein [= Gottes] Gebot: dass wir an den Namen seines Sohnes Jesus Christus glauben" (1.Joh 3,23a).
e) Wichtig ist mir, dass wir Protestanten (Reformierten) heutige Katholiken nicht ablehnen. Katholiken sind auch Christen. Martin Luther ging es darum, einige Fehlentwicklungen seiner Zeit zu korrigieren.

Fragen für den Hauskreis
a) Warum verwendet Johannes hier die Geschichte von Kain und Abel (vgl. 1.Mose 4,1-8)? In welchem Bereich deines Lebens hast du ähnliche Einstellungen wie Kain?
b) Was ist die Definition von Liebe gemäss 1.Joh 3,16-18? Worin besteht der Unterschied zur heutigen Definition von Liebe?
c) Ist das Gewissen „die Stimme Gottes"? Warum/warum nicht?

d) Wo kannst du durch Gottes Geist mit der Bibel dein Umfeld reformieren?

7. Gott ist im Fleisch!

„Geliebte, glaubt nicht jedem Geist, sondern prüft die Geister, ob sie aus Gott sind! Denn viele falsche Propheten sind in die Welt hinausgegangen. Hieran erkennt ihr den Geist Gottes: Jeder Geist, der Jesus Christus, im Fleisch gekommen, bekennt, ist aus Gott; und jeder Geist, der nicht Jesus bekennt, ist nicht aus Gott; und dies ist der Geist des Antichrists, von dem ihr gehört habt, dass er komme, und jetzt ist er schon in der Welt. Ihr seid aus Gott, Kinder, und habt sie überwunden, weil der, welcher in euch ist, größer ist als der, welcher in der Welt ist. Sie sind aus der Welt, deswegen reden sie aus dem Geist der Welt, und die Welt hört sie. Wir sind aus Gott; wer Gott erkennt, hört uns; wer nicht aus Gott ist, hört uns nicht. Hieraus erkennen wir den Geist der Wahrheit und den Geist des Irrtums" (1.Joh 4,1-6).

Dieses Kapitel gliedert sich in zwei Teile:
7.1 Wer ist Jesus?
7.2 Irrtum erkennen

7.1 Wer ist Jesus?

Was ist denn so besonders an Jesus? Er ist der Sohn von Gott, der anfangs bei Gott im Himmel war: „Im Anfang war das Wort [= Jesus], und das Wort war bei Gott, und das Wort war Gott" (Johannesevangelium 1,1). Doch er blieb nicht dort, sondern kam zu uns auf die Erde: „Und das Wort [= Jesus] wurde Fleisch und wohnte unter uns" (Johannesevangelium 11,14a). Gott wird Mensch in Jesus! Jesus ist ganz Gott und ganz Mensch. Jesus ist Gott „im Fleisch" (1.Timotheusbrief 3,16). Gott ist unsichtbar, aber in Jesus wird Gott für uns sichtbar! Jesus ist für mich das grösste Geheimnis: Ich kann ihn nicht fassen. Was heisst das für uns? In Jesus Christus kommt Gott selber zu uns auf diese Erde, weil er uns liebt, weil er uns nahe sein will. Weil er mit jeder und jedem von uns eine persönliche Liebesbeziehung führen will. Jesus verbindet uns wieder mit Gott. Jesus ist Person, nicht ein Prinzip. Das ist für mich das Wunderbare am christlichen Glauben, dass es um Jesus Christus geht. Es geht nicht um ein Prinzip oder um eine sture und

starre Regel, die man einhalten muss, sondern um eine persönliche Liebesbeziehung zwischen Gott und uns! Gott liebt uns! Um dies zu beweisen, hat er uns seinen Sohn Jesus geschickt. Jesus selber ist das EVANGELIUM: Die frohe Botschaft und gute Nachricht, dass Gott zu uns kommt.
Vielleicht denkst du jetzt: „Ich zweifle an Gott und kann mit diesem Jesus auch nicht viel anfangen." Ich kann dich verstehen. Wenn ich manchmal an Jesus zweifle, denke ich jeweils an folgende drei Dinge:
a) Jesus wirkt überall auf der Welt. Überall auf der Welt glauben Menschen an Jesus, auch wenn sie teilweise bedrängt oder verfolgt werden: Auf jedem Kontinent, in jedem Land, in jeder Kultur, Junge und Alte, Arme und Reiche. Jesus ist nicht beschränkt auf die westliche Kultur, sondern er ist universal.
b) Jesus begegnet Menschen, auch Moslems, oft in Träumen und spricht zu ihnen: „Ich bin der Weg und die Wahrheit und das Leben. Niemand kommt zum Vater als nur durch mich" (Johannesevangelium 14,6). Oft spricht er auch zu ihnen: „Lies das Evangelium!" Dann sind solche Menschen motiviert, zum selber in einer Bibel zu lesen und mehr von Jesus zu erfahren. Mit anderen Worten ausgedrückt: Gott selber steht zu Jesus und zu der Bibel.
c) Jesus hat mein Leben verändert und zwar in jedem Bereich zum Besseren. Er trat in mein Leben im Verlauf meiner Konfirmationsvorbereitung, als ich 15 Jahre alt war. Er schenkte mir eine Kirchenfamilie: Menschen, denen ich vertraue. Er schenkt mir Freude und Hoffnung im Alltag. Er schenkt mir ein Ziel im Leben: Meinen Dienst für ihn. Und das Wichtigste: Er schenkt mir die Gewissheit, dass Gott mich liebt und mir meine Schuld vergibt, auch wenn ich ihn manchmal nicht lieben kann. Auch bei vielen Kolleginnen und Kollegen habe ich schon erlebt, wie Jesus ihr ganzes Leben umgekrempelt hat. Jesus kann auch dein Leben verändern und bereichern, falls du dies willst. Gott fordert uns heute heraus, die Geister zu prüfen, „ob sie aus Gott sind" (1.Joh 4,1). Gott lädt uns ein, dass wir uns mit Jesus beschäftigen, dass wir uns auf ihn einlassen. Dass wir selber prüfen, ob Jesus aus Gott ist, ob er wirklich Gottes Sohn und damit Gott selber ist. Wie können wir dies tun? In einem einfachen Gebet können wir mit Gott Kontakt aufnehmen. Beispielsweise so: „Lieber Gott, ich

zweifle zwar noch an dir, aber bitte begegne mir durch die Bibel, durch andere Menschen und auf andere Arten. Amen." Wenn wir so oder ähnlich beten, zeigen wir Gott, dass wir mehr von ihm erfahren wollen. Gott wird handeln. Auch wenn wir schon an Jesus glauben, können wir beten, dass wir uns neu auf ihn ausrichten können und er uns neu begegnet in unserer stressigen Zeit. Wir können mit Jesus reden und er wird uns antworten! Wenn wir beten, reden wir mit ihm. Wenn wir in der Bibel lesen, redet er mit uns, weil die Bibel das Wort von Gott ist.

7.2 Irrtum erkennen
„Und jeder Geist, der nicht Jesus bekennt, ist nicht aus Gott; und dies ist der Geist des Antichrists, von dem ihr gehört habt, dass er komme, und jetzt ist er schon in der Welt. Ihr seid aus Gott, Kinder, und habt sie überwunden, weil der, welcher in euch ist, größer ist als der, welcher in der Welt ist. Sie sind aus der Welt, deswegen reden sie aus dem Geist der Welt, und die Welt hört sie. Wir sind aus Gott; wer Gott erkennt, hört uns; wer nicht aus Gott ist, hört uns nicht. Hieraus erkennen wir den Geist der Wahrheit und den Geist des Irrtums" (1.Joh 4,3-6).
a) Wer ist dieser „Geist des Antichrists"? Die Meinung eines Irrlehrers, die behauptet, dass Jesus nicht ganz Gott und ganz Mensch war und Jesus deshalb als Mittler (Versöhner/Friedensstifter) zwischen Gott und uns Menschen ablehnt.
b) Der dreieinige Gott, „welcher in euch ist, größer ist als der [Teufel], welcher in der Welt ist." Dies ist unsere Hoffnung.
c) „Wer Gott erkennt, hört uns; wer nicht aus Gott ist, hört uns nicht." Wer zum Glauben an den dreieinigen Gott gekommen ist, vertraut auch den Aposteln und ihren schriftlichen Zeugnissen in der Bibel, weil sie gewissenhaft von Gott zeugen. Wenn wir unser Denken von der Bibel prägen lassen, können wir den „Geist des Irrtums" erkennen und meiden.

Anmerkungen
a) „Und das Wort [= Jesus] wurde Fleisch und wohnte [= zeltete] unter uns" (Joh 1,14a). Jesus zeltete unter uns. Dies ist eine Anspielung an die Stiftshütte. Die Stiftshütte war das Zelt, in dem

Gott wohnte, als Mose und die Israeliten in der Wüste waren. Sie war ein mobiles Heiligtum. Sie war bis zu König David in Betrieb, der einen Tempel erbauen liess. Jesus reiste auch oft umher, um möglichst viele Menschen mit der Liebe Gottes zu erreichen. Jesus ist die ewige Stiftshütte: Wenn wir Jesus begegnen, begegnen wir Gott.

b) Früher hatten einige Menschen Mühe, zu glauben, dass Jesus ganz Mensch geworden ist. Für sie war Jesus nur Gott, aber nicht Mensch. Sie behaupteten beispielsweise, dass er nicht leiden konnte. Deswegen schreibt Johannes: „Hieran erkennt ihr den Geist Gottes: Jeder Geist, der Jesus Christus, im Fleisch gekommen, bekennt, ist aus Gott" (1.Joh 4,2). Heute haben einige Menschen Mühe, zu glauben, dass Jesus ganz Gott ist.

c) Jesus begegnet Moslems oft in Träumen und Visionen. Weitere Literatur: www.morethandreams.org und die gleichnamige CD von 2006.

Tom Doyle, Greg Webster. Träume und Visionen. Wie Muslime heute Jesus erfahren. Basel: Brunnen. 2015.

Fragen für den Hauskreis
a) Welchen Unterschied macht es, ob Jesus ganz Mensch war?
b) Welchen Unterschied macht es, ob Jesus ganz Gott war?
c) Wie können wir wahre von falschen Propheten (= Lehrer) unterscheiden? Vgl. 1.Joh 2,20-23.
d) Wie können wir „die Geister prüfen"?

8. Gott ist Liebe!
„Geliebte, lasst uns einander lieben! Denn die Liebe ist aus Gott; und jeder, der liebt, ist aus Gott geboren und erkennt Gott. Wer nicht liebt, hat Gott nicht erkannt, denn Gott ist Liebe. Hierin ist die Liebe Gottes zu uns offenbart worden, dass Gott seinen eingeborenen Sohn in die Welt gesandt hat, damit wir durch ihn leben möchten. Hierin ist die Liebe: Nicht dass wir Gott geliebt haben, sondern dass er uns geliebt und seinen Sohn gesandt hat als eine Sühnung für unsere Sünden. Geliebte, wenn Gott uns so geliebt hat, sind auch wir schuldig, einander zu lieben. Niemand hat Gott jemals gesehen. Wenn wir einander lieben, bleibt Gott in uns, und seine Liebe ist in uns vollendet. Hieran erkennen wir, dass

wir in ihm bleiben und er in uns, dass er uns von seinem Geist gegeben hat. Und wir haben gesehen und bezeugen, dass der Vater den Sohn gesandt hat als Retter der Welt. Wer bekennt, dass Jesus der Sohn Gottes ist, in dem bleibt Gott und er in Gott. Und wir haben erkannt und geglaubt die Liebe, die Gott zu uns hat. Gott ist Liebe, und wer in der Liebe bleibt, bleibt in Gott und Gott bleibt in ihm. Hierin ist die Liebe bei uns vollendet worden, dass wir Freimütigkeit haben am Tag des Gerichts, denn wie er ist, sind auch wir in dieser Welt. Furcht ist nicht in der Liebe, sondern die vollkommene Liebe treibt die Furcht aus, denn die Furcht hat es mit Strafe zu tun. Wer sich aber fürchtet, ist nicht vollendet in der Liebe. Wir lieben, weil er uns zuerst geliebt hat. Wenn jemand sagt: Ich liebe Gott, und hasst seinen Bruder, ist er ein Lügner. Denn wer seinen Bruder nicht liebt, den er gesehen hat, kann nicht Gott lieben, den er nicht gesehen hat. Und dieses Gebot haben wir von ihm, dass, wer Gott liebt, auch seinen Bruder lieben soll. Jeder, der glaubt, dass Jesus der Christus ist, ist aus Gott geboren; und jeder, der den liebt, der geboren hat, liebt den, der aus ihm geboren ist. Hieran erkennen wir, dass wir die Kinder Gottes lieben, wenn wir Gott lieben und seine Gebote befolgen. Denn dies ist die Liebe Gottes: dass wir seine Gebote halten; und seine Gebote sind nicht schwer" (1.Joh 4,7-5,3).

34 Mal tauchen im Text die Worte „Liebe", „lieben" oder „Geliebte" auf! Mehr als in jedem anderen Abschnitt der Bibel. Deswegen gliedert sich dieses Kapitel auch in drei Teile, die alle mit der Liebe zu tun haben:

8.1 Gottesliebe
8.2 Nächstenliebe
8.3 Selbstliebe

8.1 Gottesliebe
„Denn die Liebe ist aus Gott; und jeder, der liebt, ist aus Gott geboren und erkennt Gott. Wer nicht liebt, hat Gott nicht erkannt, denn Gott ist Liebe" (1.Joh 4,7b-8). Gott ist Liebe! Gott liebt jede und jeden von uns persönlich! Egal, wer wir sind oder was wir getan haben. Gott hat uns erschaffen und liebt uns, weil sein innerstes Wesen Liebe ist. Wie zeigt uns Gott seine Liebe ganz praktisch? „Hierin ist die Liebe Gottes zu uns offenbart worden,

dass Gott seinen eingeborenen Sohn [Jesus] in die Welt gesandt hat, damit wir durch ihn leben möchten. Hierin ist die Liebe: Nicht dass wir Gott geliebt haben, sondern dass er uns geliebt und seinen Sohn [Jesus] gesandt hat als eine Sühnung für unsere Sünden" (1.Joh 4,9-10). Gott selber kommt in Jesus Christus zu uns und zeigt uns so seine Liebe! Gott bleibt nicht im Himmel als unsichtbarer Gott, der auf einer pinkigen Wolke sitzt, sondern er kommt zu uns und wird in Jesus sichtbar. Die Liebe von Gott ist nicht ein frommes Gefühl, sondern sie hat Hände! [Siehe Titelbild!] Die Liebe von Gott wird in Jesus tatkräftig. Gottes Liebe wird in Jesus konkret. Vielleicht bist du traurig, weil du im vergangenen Jahr von einem geliebten Menschen Abschied nehmen musstest. Vielleicht denkst du: Was nützt mir dieses kitschige Plüschherzli? Vor dem Gottesdienst habe ich dieses Herz unter das Bild von Jesus gelegt. Ich wusste jedoch nicht, dass das Weisse in der Kirche Leutwil ein Radiator ist. Dann ist es an der Hand verbrannt. Dann dachte ich: Das musste jetzt so sein. Jesus ist auch zu uns gekommen, er hat sich nicht nur an der Hand verbrannt, sondern er ist sogar gestorben. Auch Jesus trauerte: „Jesus weinte" (Johannesevangelium 11,35), als sein Freund Lazarus starb. Jesus ist der Gott, der mit uns mitfühlt, der auch mit uns trauert über den Verlust einer geliebten Person. Dies ist zusammengefasst das EVANGELIUM, die frohe Botschaft und gute Nachricht: Gott kommt in Jesus zu uns auf diese Welt und leidet mit uns mit!
Wie können wir diese Liebe von Gott annehmen? „Und wir haben gesehen und bezeugen, dass der Vater den Sohn [Jesus] gesandt hat als Retter der Welt. Wer bekennt, dass Jesus der Sohn Gottes ist, in dem bleibt Gott und er in Gott" (1.Joh 4,14). Wenn wir bekennen, das heisst öffentlich aussprechen, dass Jesus der Retter ist, dann bleibt Gott in uns. Dann erhalten wir eine Beziehung mit Gott. In einem einfachen Gebet können wir Jesus sagen, dass wir ihn als Herrn und Retter in unserem Leben annehmen wollen. Beispielsweise so: „Lieber Jesus, bitte werde die Sühnung für meine Sünden und komm in mein Leben und rette mich. Amen." Wenn wir so oder ähnlich beten, erhalten wir eine Beziehung zu Jesus und die Gewissheit, dass Gott uns liebt.
Was bewirkt die Gottes Liebe in uns? Wie verändert Gottes Liebe uns praktisch? „Hierin ist die Liebe bei uns vollendet worden, dass

wir Freimütigkeit haben am Tag des Gerichts" (1.Joh 4,17). Weil Gott uns liebt, befreit er uns von der Furcht und Angst. Zwei Aspekte greife ich heraus:

a) Zuerst einmal befreit Gott uns von der Furcht und der Angst vor dem Jüngsten Gericht: Gott zeigt seine Liebe zu uns in Jesus, damit „wir Freimütigkeit haben am Tag des Gerichts" (1.Joh 4,17). Die Rede ist hier vom Tag des Jüngsten Gerichts, wenn Gott am Ende der Tage Gericht halten wird über alle unsere Taten, seien sie „gut oder böse" (Prediger 12,14; 2.Korintherbrief 5,10). Am Jüngsten Gericht müssen wir keine Strafe fürchten. Warum nicht? Jesus verspricht uns: „Wahrlich, wahrlich, ich sage euch: Wer mein Wort hört und glaubt dem, der mich gesandt hat [= Gott dem Vater], der hat ewiges Leben und kommt nicht ins Gericht, sondern er ist aus dem Tod in das Leben übergegangen" (Johannesevangelium 5,24). Wenn wir eine Beziehung zu Jesus haben, müssen wir uns nicht mehr fürchten vor dem Jüngsten Gericht, weil Gott uns unsere bösen Taten verzeiht. Jesus ist die „Sühnung für unsere Sünden" (1.Joh 4,10b). Jesus hat unsere bösen Taten vergeben. Dadurch erlangen wir „Freimütigkeit", also einen „freien Mut" und werden guten Mutes, was das Jüngste Gericht betrifft.

b) Zweitens befreit Gott uns auch von der Furcht und der Angst vor dem Tod: Wir müssen uns weder vor dem Tod fürchten, noch was nach dem Tod kommt! Vielleicht haben wir noch Angst vor den Schmerzen, die teilweise mit dem Todeskampf verbunden sind, aber wir müssen keine grundsätzliche Furcht mehr haben vor dem Jenseits, vor Himmel oder Hölle. Jesus verspricht uns: „Und wenn ich hingehe und euch eine Stätte bereite, so komme ich wieder und werde euch zu mir nehmen, damit auch ihr seid, wo ich bin" (Johannesevangelium 14,3). Jesus ist jetzt im Himmel und er bereitet uns Wohnungen vor (vgl. Johannesevangelium 14,2).

„Furcht ist nicht in der Liebe, sondern die vollkommene Liebe treibt die Furcht aus, denn die Furcht hat es mit Strafe zu tun. Wer sich aber fürchtet, ist nicht vollendet in der Liebe" (1.Joh 4,18). Wenn wir uns bewusst dieser Liebe von Gott in Jesus aussetzen, wird sich unser Charakter Schritt für Schritt verändern und unsere Furcht wird mit der Zeit nachlassen. Gott wirkt in uns ein Grundvertrauen in ihn. Gott wirkt in uns eine Gottesfurcht, das ist eine Ehrfurcht vor ihm. Gottesfurcht ist aber keine Furcht im Sinne von Angst, sondern von Respekt, wie wir beispielsweise vor Menschen Respekt haben, die eine höhergestellte Position innehaben. „Wir lieben, weil er [= Gott] uns zuerst geliebt hat" (1.Joh 4,19). Gott liebt uns! Dies ist das Wichtigste. Nicht wir müssen aus uns heraus eine Liebe zu Gott hervorbringen, sondern wir dürfen uns ganz auf Gott verlassen. Gott wirkt in uns nicht nur die Gottesfurcht, sondern auch eine Liebe zu ihm. Wie können wir Gott lieben? Jesus gibt uns drei Hinweise: „Du sollst den Herrn, deinen Gott, lieben mit deinem ganzen Herzen und mit deiner ganzen Seele und mit deinem ganzen Verstand" (Matthäusevangelium 22,37).

a) „Mit deinem ganzen Herzen [Gott lieben]": Gott zum Wichtigsten in unserem Leben machen und mit ihm auch eine gefühlvolle Beziehung führen.

b) „Mit deiner ganzen Seele [Gott lieben]": Indem wir mit Gott reden im Gebet und ihm täglich sagen, was uns beschäftigt, sowohl Gutes als auch Schlechtes.

c) „Mit deinem ganzen Verstand [Gott lieben]": Auch das Denken auf Gott ausrichten. Dies können wir tun, wenn wir täglich ein Kapitel in der Bibel lesen oder mit einer Hörbibel hören.

8.2 Nächstenliebe

„Wir lieben, weil er uns zuerst geliebt hat" (1.Joh 4,19). Dies ist zugleich der Übergang zum zweiten Punkt: Die Nächstenliebe. „Geliebte, lasst uns einander lieben!" (1.Joh 4,7a). Wenn wir diesen Satz nur so hören würden, ohne den ersten Punkt der Gottesliebe, wäre er Moral! Ein Müssen! Ein Zwang! Wir würden uns unter Druck fühlen, dass wir selber aus uns heraus eine Liebe zu unseren Mitmenschen produzieren müssten. Doch Gott hat eine Lösung für dieses Problem parat: „Geliebte, wenn Gott uns so geliebt hat, sind auch wir schuldig, einander zu lieben. Niemand hat Gott jemals gesehen. Wenn wir einander lieben, bleibt Gott in uns, und seine Liebe ist in uns vollendet. Hieran erkennen wir, dass wir in ihm bleiben und er in uns, dass er uns von seinem Geist gegeben hat" (1.Joh 4,11-13). Gott schenkt uns seinen Heiligen Geist. Gott der Heilige Geist wirkt in uns diese Liebe zu unseren Mitmenschen (vgl. Galaterbrief 5,22-23)! Johannes weist nochmals auf die andere Möglichkeit hin, falls wir unseren Nächsten nicht lieben, sondern hassen würden: „Wenn jemand sagt: Ich liebe Gott, und hasst seinen Bruder, ist er ein Lügner. Denn wer seinen Bruder nicht liebt, den er gesehen hat, kann nicht Gott lieben, den er nicht gesehen hat. Und dieses Gebot haben wir von ihm, dass, wer Gott liebt, auch seinen Bruder lieben soll. Jeder, der glaubt, dass Jesus der Christus ist, ist aus Gott geboren; und jeder, der den liebt, der geboren hat, liebt den, der aus ihm geboren ist. Hieran erkennen wir, dass wir die Kinder Gottes lieben, wenn wir Gott lieben und seine Gebote befolgen. Denn dies ist die Liebe Gottes: dass wir seine Gebote halten; und seine Gebote sind nicht schwer" (1.Joh 4,7-5,3). Jesus fasst die Gottes Gebote so zusammen: Liebe Gott und deinen Nächsten wie dich selbst (vgl. Matthäusevangelium 22,35-42). Gottes Gebote sind „nicht schwer", sondern „leicht" (Matthäusevangelium 11,30), weil Gott in uns die Gottesliebe, Nächstenliebe und Selbstliebe wirkt durch seinen Heiligen Geist.

8.3 Selbstliebe

Liebe Gott und deinen Nächsten wie dich selbst (vgl. Matthäusevangelium 22,35-42). Wie dich selbst! Der dritte Punkt ist die Selbstliebe und Selbstannahme. Gott hilft uns auch, uns selber zu lieben und uns anzunehmen. Viele Menschen haben heutzutage Mühe, sich selber zu lieben. Teilweise, weil uns in den Medien (Fernsehen, Heftchen, Internet) ein falsches Bild vermittelt wird, was ein glückliches Leben ist. Unter Jugendlichen herrscht oft ein grossen Anpassungsdruck. In der Pubertät hatte ich auch Mühe, mich selber anzunehmen. Ich konnte beispielsweise nicht in einen Spiegel schauen. Doch Gott hat mir gezeigt, dass ich für ihn wertvoll bin und er mich liebt, auch wenn ich mich manchmal nicht lieben konnte. Ich bin überzeugt, dass Gott dies bei uns allen auch wirkt, dass er uns verändert.

Schluss

Gott ist Liebe. Er ist die Quelle der Liebe. Der dreieinige Gott lebt in sich selber Liebe: Die ewige Liebesbeziehung zwischen Gott Vater, Gott Sohn und Gott Heiligem Geist. Sein innerstes Wesen ist Liebe. Diese Liebe behält er jedoch nicht für sich, sondern er schenkt sie uns. Gottes Liebe verändert uns grundlegend. So grundlegend, dass Gott sogar davon spricht, dass wir „aus Gott geboren" sind (1.Joh 4,7b; 5,1). Dadurch werden wir befähigt, sowohl Gott zu lieben, als auch unseren Nächsten wie uns selbst. „Gott ist Liebe. Hierin ist die Liebe: Nicht dass wir Gott geliebt haben, sondern dass er uns geliebt und seinen Sohn [Jesus] gesandt hat als eine Sühnung für unsere Sünden" (1.Joh 4,8.10).

Anmerkung
„Gott ist Liebe" (1.Joh 4,8). Dies ist das Entscheidende am christlichen Glauben. Heutzutage hören wir jedoch oft etwas anderes: „Die Liebe ist Gott." Dies ist ein grosser Unterschied. Heutzutage wird oft gesagt: „Ich habe es aus Liebe getan." Wer könnte dann dagegen sein? „Wer dagegen sagt, er handele nun einmal aus Liebe und folge einfach seinem Gefühl, kann immer mit Verständnis und Zustimmung rechnen, auch wenn darüber ganze Familien zerbrechen, wenn der Mann seine Frau für eine Jüngere verlässt oder jemand zum fünften Mal heiratet. Wer sich auf die Liebe beruft, beschwört eine höhere Macht, die über jeden Zweifel erhaben ist. Vielsagend ist der Fall des Augsburger Professors für Moraltheologie Klaus Arntz. Als der katholische Priester 2012 im Gottesdienst bekanntgab, dass er sich verliebt habe (und zwar in eine verheiratete Frau mit zwei Kindern) und deshalb nun sein Priesteramt niederlegen werde, reagierte die Gemeinde nicht etwa schockiert, sondern mit stehenden Ovationen. Merke: Wer den Gott Liebe für sich in Anspruch nimmt, hat immer recht" (Markus Günther, Ersatzreligion Liebe, FAZ 25.09.2014).

Fragen für den Hauskreis
a) „Wir lieben, weil er uns zuerst geliebt hat" (1.Joh 4,19). Was kommt dir dabei in den Sinn? Bist du in der Liebe Gottes verwurzelt? Wie kannst du sicher sein, dass Gott dich liebt?
b) Wo und wie hast du bereits die Liebe Gottes erfahren?
c) Was erfahren wir über die Dreieinigkeit Gottes und die Beziehung von Gott Vater, Gott Sohn Jesus und Gott dem Heiligem Geist in 1.Joh 4,8-15?
d) „Gott ist Liebe" (1.Joh 4,8.16), „Gott ist Licht" (1.Joh 1,5), „Gott ist Geist" (Johannesevangelium 4,24a). Wie passen diese Aussagen zueinander?

e) Lest gemeinsam 1.Korintherbrief 13 (das berühmte Hohelied der Liebe) und/oder Lukasevangelium 15,11-32 (Gleichnis von den zwei verlorenen Söhnen) und/oder Römerbrief 5,8 und 8,28-39 und/oder Jeremia 31, um mehr von der Liebe Gottes zu erfahren.
f) Bittet Gott um Liebe für ihn, für eure Mitmenschen und für euch selber.

9. Gott gibt ein dreifaches Zeugnis von sich!

„Denn alles, was aus Gott geboren ist, überwindet die Welt; und dies ist der Sieg, der die Welt überwunden hat: unser Glaube. Wer aber ist es, der die Welt überwindet, wenn nicht der, der glaubt, dass Jesus der Sohn Gottes ist? Dieser ist es, der gekommen ist durch Wasser und Blut: Jesus Christus; nicht im Wasser allein, sondern im Wasser und im Blut. Und der Geist ist es, der dies bezeugt, denn der Geist ist die Wahrheit. Denn es sind drei, die es bezeugen: der Geist und das Wasser und das Blut; und die drei sind einstimmig. Wenn wir schon das Zeugnis der Menschen annehmen, das Zeugnis Gottes ist größer; denn dies ist das Zeugnis Gottes, dass er über seinen Sohn Zeugnis abgelegt hat. Wer an den Sohn Gottes glaubt, hat das Zeugnis in sich; wer Gott nicht glaubt, hat ihn zum Lügner gemacht, weil er nicht an das Zeugnis geglaubt hat, das Gott über seinen Sohn bezeugt hat. Und dies ist das Zeugnis: dass Gott uns ewiges Leben gegeben hat, und dieses Leben ist in seinem Sohn. Wer den Sohn hat, hat das Leben; wer den Sohn Gottes nicht hat, hat das Leben nicht. Dies habe ich euch geschrieben, damit ihr wisst, dass ihr ewiges Leben habt, die ihr an den Namen des Sohnes Gottes glaubt" (1.Joh 5,4-13).
Dieses Kapitel gliedert sich in drei Teile:
9.1 Jesus hat die Welt überwunden!
9.2 Gott gibt ein dreifaches Zeugnis von sich!
9.3 Jesus ist das ewige Leben!

9.1 Jesus hat die Welt überwunden!

„Denn alles, was aus Gott geboren ist, überwindet die Welt; und dies ist der Sieg, der die Welt überwunden hat: unser Glaube. Wer aber ist es, der die Welt überwindet, wenn nicht der, der glaubt, dass Jesus der Sohn Gottes ist?" (1.Joh 5,4-5). Was ist so schlecht an dieser Welt, dass unser Glaube sie besiegen und überwinden

muss? Die Welt ist getrennt von Gott. „In der Welt habt ihr Bedrängnis" (Johannesevangelium 16,33a), spricht Jesus. Bedrängnis kann viele Gesichter haben: Not, Armut, Hass, das Schlechte, Böse, Sünde, Schuld, Krankheit und Tod. „Unser Glaube" ist „der Sieg". Unser Glaube ist der Ausweg aus der Welt mit ihren Bedrängnissen. Was ist unser Glaube? Kurz zusammengefasst: Jesus! Jesus ist unser Glaube! Er ist der Inhalt und Kern unseres Glaubens. Warum? Jesus ist der Sohn von Gott, ja sogar Gott selber. Dies zeigt sich unter anderem darin, dass Jesus in seinem ganzen Leben nie eine Sünde getan hat: Er hat fehlerlos gelebt. Er hat ausserdem in der Bergpredigt die höchste Moral aufgestellt und selber danach gelebt: Gottesliebe, Nächstenliebe, und sogar Feindesliebe. Jesus hat jedoch nicht nur geredet, sondern auch etwas getan: Jesus hat an Karfreitag am Kreuz von Golgatha unsere Sünde getragen und dadurch vernichtet. Alles, was wir falsch gemacht haben, hat Jesus getragen und vernichtet. Weil Gott seinen Sohn Jesus an Ostern von den Toten auferweckt hat, lebt er heute und für immer. Weil Jesus den Tod besiegt hat, hat er auch die Welt, den Teufel, das Böse, die Sünde und die Hölle besiegt. Deshalb verspricht er uns: „In der Welt habt ihr Bedrängnis; aber seid guten Mutes, ich habe die Welt überwunden" (Johannesevangelium 16,33b).
Jetzt stellt sich die Frage: Jesus hat die Welt überwunden, aber wie können wir „guten Mutes" werden und die Welt und das Böse überwinden? Johannes liefert uns die Antwort: „Wer ist es aber, der die Welt überwindet, wenn nicht der, der glaubt, dass Jesus Gottes Sohn ist?" (1.Joh 5,5). Wir überwinden diese Welt, wenn wir an Jesus glauben. Wenn wir anerkennen, dass Jesus Gottes Sohn und damit Gott selber ist. Wenn wir ihm vertrauen und mit ihm in unserem Alltag eine persönliche Beziehung führen. „Denn alles, was von Gott geboren ist, überwindet die Welt" (1.Joh 5,4). Wir müssen aus Gott geboren werden. Wie geht das? „So viele ihn [= Jesus] aber aufnahmen, denen gab er das Recht, Kinder Gottes zu werden, denen, die an seinen Namen glauben" (Johannesevangelium 1,12). Wenn wir Jesus in unser Leben aufnehmen, schenkt Gott uns ein neues Leben. Dieses neue Leben ist so neu und speziell, dass es mit einer zweiten Geburt vergleichbar ist, wie wenn wir von Gott neu geboren werden. Jesus

spricht auch mit Nikodemus darüber: „Wenn jemand nicht von neuem geboren wird, kann er das Reich Gottes nicht sehen" (Johannesevangelium 3,3b). Paulus spricht ähnlich darüber: „Daher, wenn jemand in Christus ist, so ist er eine neue Schöpfung; das Alte ist vergangen, siehe, Neues ist geworden" (2.Korintherbrief 5,17). Wir müssen von neuem geboren werden, um ein neues Leben mit Gott zu erhalten.

Was bewirkt dieses neue Leben mit Gott? „Das habe ich euch geschrieben, damit ihr wisst, dass ihr das ewige Leben habt, die ihr glaubt an den Namen des Sohnes Gottes" (1.Joh 5,13). Der Name „Jesus" bedeutet: „Gott rettet" oder „Gott ist die Rettung." Sein Name beschreibt das innerste Wesen, sein Programm und seinen Auftrag. Jesus rettet uns und gibt uns das ewige Leben im Himmel bei Gott.

9.2 Gott gibt ein dreifaches Zeugnis von sich!

Der zweite Punkt betrifft das dreifache Zeugnis, das Gott von sich gibt: „Dieser ist es, der gekommen ist durch Wasser und Blut: Jesus Christus; nicht im Wasser allein, sondern im Wasser und im Blut. Und der Geist ist es, der dies bezeugt, denn der Geist ist die Wahrheit. Denn es sind drei, die es bezeugen: der Geist und das Wasser und das Blut; und die drei sind einstimmig" (1.Joh 5,6-8). Warum führt Gott drei Zeugen an? Im Alten Testament gibt es das Gesetz: „Ein einzelner Zeuge soll nicht gegen jemanden auftreten wegen irgendeiner Ungerechtigkeit oder wegen irgendeiner Sünde, wegen irgendeiner Verfehlung, die er begeht. Nur auf zweier Zeugen Aussage oder auf dreier Zeugen Aussage hin soll eine Sache gültig sein" (5.Mose 19,15). Es braucht also immer zwei oder drei Zeugen, um eine Sache zu bestätigen. Eine Nebenbemerkung: Wir haben im Neuen Testament vier Evangelien (Zeugnisse von Jesus), nicht nur zwei oder drei. Gott übertrifft sogar dieses alttestamentliche Gesetz, weil die Berichte über seinen Sohn Jesus so wichtig sind.

Gott gibt ein dreifaches Zeugnis für Jesus: Wasser, Blut und Geist:
a) Das „Wasser" bedeutet die Taufe von Jesus. Bei der Taufe von Jesus sah er „den Geist Gottes wie eine Taube herabfahren und auf sich kommen" (Matthäusevangelium 3,16b; vgl. Markusevangelium 1,10; Lukasevangelium 3,22;

Johannesevangelium 1,32). Warum liess sich Jesus taufen, obwohl er sündlos war? Mit der Taufe stellt sich Jesus uns Menschen gleich. Einige Irrlehrer sagten damals, dass der göttliche Christus erst bei der Taufe auf den Menschen Jesus herabkam, als der Heilige Geist wie ein Taube auf ihn herabkam. Die Irrlehrer behaupteten, dass im Garten Gezemane der göttliche Christus den menschlichen Jesus wieder verliess. Auch heutzutage machen Liberale den Unterschied zwischen dem göttlichen Christus und dem menschlichen Jesus. Um diesen Irrtum zu bekämpfen, schreibt Johannes ausdrücklich:
b) Das „Blut" bedeutet der Tod von Jesus. Jesus war der Sohn Gottes bis zu seinem Tod am Kreuz: „Er [= Jesus] ist der Anfang, der Erstgeborene aus den Toten, damit er in allem den Vorrang habe; denn es gefiel der ganzen Fülle [Gottes], in ihm zu wohnen und durch ihn alles mit sich zu versöhnen – indem er Frieden gemacht hat durch das Blut seines Kreuzes - durch ihn, sei es, was auf der Erde oder was in den Himmeln ist. Und euch, die ihr einst entfremdet und Feinde wart nach der Gesinnung in den bösen Werken, hat er aber nun versöhnt in dem Leib seines Fleisches durch den Tod, um euch heilig und tadellos und unsträflich vor sich hinzustellen" (Kolosserbrief 1,18b-22). Gott kann leiden und sterben! Dass Gott in Jesus sterben und auferstehen musste, um „alles mit sich" zu versöhnen, zeigt die Schwere unserer Sünde gegenüber dem heiligen und sündlosen Gott! In Gott gibt es das Problem, dass er gleichzeitig Gerechtigkeit und Liebe ist. Seine Gerechtigkeit verlangt von ihm, dass er alle Menschen für ihre Sünden bestraft. Seine Liebe verlangt von ihm, dass er uns Menschen vergibt. Wir Menschen können dieses Problem nicht lösen (zum Beispiel durch moralisches Verhalten oder Opfern), weil es in Gott selber liegt. Doch Gott hat es gelöst: Gott selber hat in Jesus die Strafe für unsere Sünde getragen „durch das Blut seines Kreuzes" und zwar „hat er [uns] [...] nun versöhnt in dem Leib seines Fleisches durch den Tod"! Dies war die einzige Lösung für das Problem unserer Sünde. Für griechische Irrlehrer und heutige Liberale ist es undenkbar, dass Gott in Jesus am Kreuz leidet und stirbt, weil sie behaupten, dass Gott nicht leiden kann.
c) „Geist": Nicht ich als Pfarrer behaupte, dass wir an Jesus glauben sollen und dass die Bibel stimmt, sondern Gott der Heilige

Geist bestätigt Jesus und die Bibel und wirkt diese Überzeugung in uns! Johannes Calvin schreibt dazu: „Dass die [Heilige] Schrift [= die Bibel] von Gott kommt, das glauben wir, weil die Kraft des [Heiligen] Geistes uns erleuchtet, nicht aber auf Grund des eigenen Urteils oder desjenigen anderer Leute" (Institutio I,7,5).

„Wenn wir schon das Zeugnis der Menschen annehmen, das Zeugnis Gottes ist größer; denn dies ist das Zeugnis Gottes, dass er über seinen Sohn Zeugnis abgelegt hat. Wer an den Sohn Gottes glaubt, hat das Zeugnis in sich; wer Gott nicht glaubt, hat ihn zum Lügner gemacht, weil er nicht an das Zeugnis geglaubt hat, das Gott über seinen Sohn bezeugt hat" (1.Joh 5,9-10).

Wie hat er das gemacht?

a) Durch die Vorhersagen im Alten Testament. Sogenannte „messianische" Weissagungen, die den Messias, den Christus, den Sohn Gottes betreffen.

b) Gott der Vater sprach bei der Taufe von Jesus und bei seiner Verklärung mit hörbarer Stimme, dass Jesus der Sohn Gottes ist (vgl. Matthäusevangelium 17,5).

c) Der Heilige Geist führt uns zu Jesus. In muslimischen Ländern, in denen der Besitz einer Bibel oft verboten ist, begegnet Jesus den Moslems oft in Träumen und Visionen. Uns in Westeuropa begegnet er wohl oft in den schwierigsten Zeiten unseres Lebens, in Niederlagen, Krankheiten, Depressionen und Todesängsten.

Johannes schildert auch die Folgen, falls wir dieses dreifache Zeugnis Gottes ablehnen: „Wer Gott nicht glaubt, hat ihn zum Lügner gemacht, weil er nicht an das Zeugnis geglaubt hat, das Gott über seinen Sohn bezeugt hat" (1.Joh 5,10b). Wer Gott den Sohn Jesus Christus ablehnt, lehnt Gott den Vater ab, weil Gott der Vater zu seinem Sohn Jesus steht und ihn auf dreifache Art – Wasser, Blut, Geist – bezeugt hat. Gott „zum Lügner machen" bedeutet, sich selber zum Gott zu machen. Dies ist die schlimmste Sünde des Stolzes und Hochmutes.

9.3 Jesus ist das ewige Leben!
Der dritte Punkt ist das ewige Leben: „Und dies ist das Zeugnis: dass Gott uns ewiges Leben gegeben hat, und dieses Leben ist in seinem Sohn. Wer den Sohn hat, hat das Leben; wer den Sohn Gottes nicht hat, hat das Leben nicht. Dies habe ich euch

geschrieben, damit ihr wisst, dass ihr ewiges Leben habt, die ihr an den Namen des Sohnes Gottes glaubt" (1.Joh 5,11-13).
Was ist das ewige Leben? Es gibt im Propheten Jesaja eine Stelle, von der ich überzeugt bin, dass sie vom Himmel handelt: „Und der HERR der Heerscharen wird auf diesem Berg allen Völkern ein Mahl von fetten Speisen bereiten, ein Mahl von alten Weinen, von markigen fetten Speisen, geläuterten alten Weinen. Dann wird er auf diesem Berg die Hülle verschlingen, die das Gesicht aller Völker verhüllt, und die Decke, die über alle Nationen gedeckt ist. Den Tod verschlingt er auf ewig, und der Herr, HERR, wird die Tränen abwischen von jedem Gesicht, und die Schmach seines Volkes wird er von der ganzen Erde hinwegtun. Denn der HERR hat geredet. An jenem Tag wird man sagen: Siehe da, unser Gott, auf den wir hofften, dass er uns rette! Da ist der HERR, auf den wir hofften! Wir wollen jauchzen und uns freuen in seiner Rettung!" (Jesaja 25,6-9).
Jesus spricht: „Ich bin der Weg und die Wahrheit und das Leben" (Johannesevangelium 14,6). Jesus selber ist das ewige Leben! Das ewige Leben besteht aus einer ewigen, nie aufhörenden Liebesbeziehung mit dem rettenden Heiland Jesus!
„Wer ist es aber, der die Welt überwindet, wenn nicht der, der glaubt, dass Jesus Gottes Sohn ist?" (1.Joh 5,5). Diese Frage stellt Gott uns allen heute persönlich, jedem einzelnen von uns: Glauben wir, dass Jesus Gottes Sohn ist? Die Beantwortung dieser Frage wird Auswirkungen auf unser ganzes Leben haben.

Schluss
Jesus ist für unser Leben so wichtig, dass Johannes schreibt: „Wer den Sohn hat, der hat das Leben; wer den Sohn Gottes nicht hat, der hat das Leben nicht." (1.Joh 5,11). Wer Jesus hat, der hat jetzt ein erfülltes Leben und danach das ewige Leben. Wer den Sohn Gottes Jesus in seinem Leben nicht hat, der hat weder jetzt ein zeitlich erfülltes Leben noch später ein ewiges Leben im Himmel!
Das EVANGELIUM ist die frohe Botschaft und gute Nachricht: Weil Gott uns so fest liebt, macht er uns heute das Angebot, den Glauben an Jesus zu ergreifen mit einem einfachen Gebet. Dieses Gebet könnte so lauten: „Lieber Gott, ich habe bisher ohne Jesus gelebt. Bitte vergib mir. Bitte komm jetzt in mein Leben und leite

mich von nun an." Wenn wir so beten oder ein ähnliches Gebet sprechen, erhalten wir eine Beziehung zu Gott.
Natürlich könntest du diese Entscheidung für oder gegen Jesus auch hinauszögern. Doch niemand weiss, wann seine letzte Stunde gekommen ist.
Ich wünsche uns allen, dass Gott durch seinen Heiligen Geist uns tief in unsere Herzen und Sinn einschreibt: „Wer den Sohn hat, der hat das Leben; wer den Sohn Gottes nicht hat, der hat das Leben nicht." (1.Joh 5,11).

Anmerkung
Die Geburt von Jesus in einem Stall an Weihnachten und seine Taufe zeigen uns einen demütigen Gott.
Der Tod von Jesus an Karfreitag zeigt uns einen gedemütigten Gott.
Die Auferstehung von Jesus von den Toten an Ostern und seine Himmelfahrt zeigen uns einen triumphierenden (= siegenden) Gott über Teufel, Tod, Hölle, Welt und Sünde! Halleluja!

Fragen für den Hauskreis
a) Wann hast du erkannt, dass Jesus der Sohn Gottes ist? (vgl. Gruppenbibel, S. 942).
b) Bist du sicher, dass du das ewige Leben hast? Worauf gründet deine Gewissheit? (vgl. Gruppenbibel, S. 942).
c) Wann hast du das letzte Mal in deinem Leben als Christ(in) einen Sieg errungen? Worüber und wodurch hast du gesiegt? In welchem Bereich brauchst du heute einen Sieg? (vgl. Gruppenbibel, S. 942).

10. Gott befreit dich von den Götzen!
„Und dies ist die Zuversicht, die wir zu ihm haben, dass er uns hört, wenn wir etwas nach seinem Willen bitten. Und wenn wir wissen, dass er uns hört, was wir auch bitten, so wissen wir, dass wir das Erbetene haben, das wir von ihm erbeten haben. Wenn jemand seinen Bruder sündigen sieht, eine Sünde nicht zum Tod, soll er bitten, und er wird ihm das Leben geben, denen, die nicht zum Tod sündigen. Es gibt Sünde zum Tod; nicht im Hinblick auf sie sage ich, dass er bitten solle. Jede Ungerechtigkeit ist Sünde; und es gibt Sünde, die nicht zum Tod ist. Wir wissen, dass jeder, der aus Gott

geboren ist, nicht sündigt; sondern der aus Gott Geborene bewahrt ihn, und der Böse tastet ihn nicht an. Wir wissen, dass wir aus Gott sind, und die ganze Welt liegt in dem Bösen. Wir wissen aber, dass der Sohn Gottes gekommen ist und uns Verständnis gegeben hat, damit wir den Wahrhaftigen erkennen; und wir sind in dem Wahrhaftigen, in seinem Sohn Jesus Christus. Dieser ist der wahrhaftige Gott und das ewige Leben. Kinder, hütet euch vor den Götzen!" (1.Joh 5,14-21).
Dieses Kapitel gliedert sich in fünf kurze Teile:
10.1 Wer bittet, dem wird gegeben!
10.2 Todsünde?
10.3 Jesus bewahrt uns vor dem Bösen!
10.4 Jesus ist das ewige Leben!
10.5 Gott oder Götzen?

10.1 Wer bittet, dem wird gegeben!
„Und dies ist die Zuversicht, die wir zu ihm haben, dass er uns hört, wenn wir etwas nach seinem Willen bitten" (1.Joh 5,14). Ebenso ermutigt uns Jesus: „Bittet, und es wird euch gegeben werden; sucht, und ihr werdet finden; klopft an, und es wird euch geöffnet werden! Denn jeder Bittende empfängt, und der Suchende findet, und dem Anklopfenden wird geöffnet werden" (Matthäusevangelium 7,7-8). Was heisst: „nach Gottes Willen bitten"? Jesus beantwortet diese Frage: „Trachtet aber zuerst nach dem Reich Gottes und nach seiner [= Gottes] Gerechtigkeit!" (Matthäusevangelium 6,33). Wenn es also um Gottes Reich geht. Wenn es Gottes Reich vergrössert oder vertieft. Es ist wichtig, für andere Menschen zu beten, dass sie zu Jesus finden. Mir hilft es, das Beten fest in den Tagesablauf einzuplanen, beispielsweise am Morgen oder am Abend.

10.2 Todsünde?
„Wenn jemand seinen Bruder sündigen sieht, eine Sünde nicht zum Tod, soll er bitten, und er wird ihm das Leben geben, denen, die nicht zum Tod sündigen. Es gibt Sünde zum Tod; nicht im Hinblick auf sie sage ich, dass er bitten solle. Jede Ungerechtigkeit ist Sünde; und es gibt Sünde, die nicht zum Tod ist" (1.Joh 5,16-17). Ähnlich fordert uns auch Jakobus auf, für Menschen, die in Sünde

leben, zu beten: „Meine Brüder, wenn jemand unter euch von der Wahrheit abirrt und jemand ihn zurückführt, so wisst, dass der, welcher einen Sünder von der Verirrung seines Weges zurückführt, dessen Seele vom Tode retten und eine Menge von Sünden bedecken wird" (Jakobusbrief 5,19-20). Was ist diese „Sünde zum Tod"? Jesus spricht: „Wahrlich, ich sage euch: Alle Sünden werden den Söhnen der Menschen vergeben werden und die Lästerungen, mit denen sie auch lästern mögen; wer aber gegen den Heiligen Geist lästern wird, hat keine Vergebung in Ewigkeit, sondern ist ewiger Sünde schuldig" (Markusevangelium 3,28-29). Auch Paulus beschreibt diese Sünde: „Und betrübt nicht den Heiligen Geist Gottes, mit dem ihr versiegelt worden seid auf den Tag der Erlösung hin!" (Epheserbrief 4,30). Was könnte gemeint sein?
a) Wenn wir Gottes Wirken verteufeln und ablehnen. Die Schriftgelehrten sagten über Jesus, dass er in der Kraft des Teufels die Dämonen austreibe (vgl. Markusevangelium 3,22).
b) Wenn wir immer und immer wieder die Gnade ablehnen, die Gott uns anbietet. Dann kann und will Gott uns auch unsere Sünden nicht vergeben und wir müssen die ewigen Folgen davon tragen.
Wichtig ist hier: Falls wir uns Sorgen machen, ob wir schon die Sünde gegen den Heiligen Geist begangen haben, können wir sicher sein, dass wir sie noch nicht begangen haben. Der Grund dafür ist: Falls wir sie begangen hätten, würden wir nicht mehr solche Fragen stellen. Es wäre uns nämlich egal. Wir wären völlig abgestumpft gegenüber Gott.

10.3 Jesus bewahrt uns vor dem Bösen!
„Wir wissen, dass jeder, der aus Gott geboren ist, nicht sündigt; sondern der aus Gott Geborene bewahrt ihn, und der Böse tastet ihn nicht an. Wir wissen, dass wir aus Gott sind, und die ganze Welt liegt in dem Bösen" (1.Joh 5,18-19).
a) Ein Ja zu Jesus bedeutet für uns Menschen immer ein Nein zur Sünde. Jesus hat zu uns ein „JA" (vgl. 2.Korintherbrief 1,20), obwohl wir in unserem irdischen Leben nie sündlos werden können, weil er uns unendlich fest liebt.
b) Jesus ist „der aus Gott Geborene". Jesus bewahrt uns vor dem bösen Teufel. Er kann dies tun, weil er stärker ist als das Böse.
c) „Die ganze Welt liegt in dem Bösen", weil die meisten

Menschen Jesus als Gottes Sohn ablehnen und statt sich durch die Kraft des Heiligen Geistes an die 10 Gebote zu halten nach ihrem eigenen Gutdünken leben.

10.4 Jesus ist das ewige Leben!
„Wir wissen aber, dass der Sohn Gottes gekommen ist und uns Verständnis gegeben hat, damit wir den Wahrhaftigen erkennen; und wir sind in dem Wahrhaftigen, in seinem Sohn Jesus Christus. Dieser ist der wahrhaftige Gott und das ewige Leben" (1.Joh 5,20). Dieser Vers ist eine Zusammenfassung des ganzen 1.Joh.
a) Jesus ist gekommen, um uns zu zeigen, wie Gott der Vater ist. Durch Jesus erhalten wir eine Beziehung zum dreieinigen Gott Vater, Sohn und Heiligen Geist und „sind in dem Wahrhaftigen, in seinem Sohn Jesus Christus" (1.Joh 5,20a).
b) „Dieser ist der wahrhaftige Gott" (1.Joh 5,20b). Johannes wiederholt nochmals, dass Jesus Gott ist, weil dies das Wichtigste ist.
c) Jesus selber ist das ewige Leben. Er spricht: „Ich bin die Auferstehung und das Leben" (Johannesevangelium 11,25). Wie können wir uns das ewige Leben bei Gott vorstellen? Johannes erhält einen Blick in den Himmel: „Und ich sah einen neuen Himmel und eine neue Erde; denn der erste Himmel und die erste Erde waren vergangen, und das Meer ist nicht mehr.Und ich sah die heilige Stadt, das neue Jerusalem, aus dem Himmel von Gott herabkommen, bereitet wie eine für ihren Mann geschmückte Braut. Und ich hörte eine laute Stimme vom Thron her sagen: Siehe, das Zelt Gottes bei den Menschen! Und er wird bei ihnen wohnen, und sie werden sein Volk sein, und Gott selbst wird bei ihnen sein, ihr Gott. Und er wird jede Träne von ihren Augen abwischen, und der Tod wird nicht mehr sein, noch Trauer noch Geschrei noch Schmerz wird mehr sein; denn das Erste ist vergangen" (Offenbarung 21,1-4). Der Himmel wird eine persönliche Liebesbeziehung zwischen Gott und dir beinhalten und wird daher nie langweilig werden, weil Gott die spannendste Person im ganzen Universum ist.
Bisher habe ich nur Stellen aus dem Jesaja zitiert, die den Himmel beschreiben. Es gibt aber auch Stellen, die die Hölle beschreiben: „Und sie [= die Geretteten] werden hinausgehen und sich die

Leichen der Menschen ansehen, die mit mir gebrochen haben. Denn ihr Wurm wird nicht sterben und ihr Feuer nicht verlöschen, und sie werden ein Abscheu sein für alles Fleisch" (Jesaja 66,24). Auch Jesus spricht von der Hölle: „Und wenn deine Hand dir Anlass zur Sünde gibt, so hau sie ab! Es ist besser für dich, als Krüppel in das Leben hineinzugehen, als mit zwei Händen in die Hölle zu kommen, in das unauslöschliche Feuer" (Markusevangelium 9,43). Die Hölle ist die ewige Trennung von Gott. Die Hölle ist die höchste Qual, für immer vom liebenden Gott abgeschnitten zu sein.

10.5 Gott oder Götzen?
„Kinder, hütet euch vor dem Götzen!" (1.Joh 5,21). Mit dieser Aufforderung beschliesst Johannes seinen Brief. Eine einfache Beschreibung von „Gott" lautet: Das, was einem am Wichtigsten ist im Leben. Oder das, was man von ganzem Herzen, ganzer Seele und Kraft liebt oder erstrebt (vgl. 5.Mose 6,5). „Was ist ein Götze? Alles, was uns wichtiger ist als Gott, was unsere Gedanken und Gefühle mehr gefangen nimmt als er und von dem wir uns das versprechen, was nur Gott geben kann" (Timothy Keller, Es ist nicht alles Gott, was glänzt, S. 18). Mit dieser Begriffsbestimmung hat also jeder Mensch einen Gott oder einen Götzen. Timothy Keller nennt verschiedene Götzen (Es ist nicht alles Gott, was glänzt, S. 247-249):
a) Theologische: Falsche Glaubensaussagen, die zu einer falschen Verehrung Gottes führen.
b) Sexuelle: Pornographie, falsche Schönheitsideale, romantische Überhöhung.
c) Magische/kultische: Hexerei und Zauberei (Okkultismus).
d) Politische/wirtschaftliche: Linke, rechte oder liberale Weltanschauungen (Ideologien), die einen kleinen Teil der Politik herausnehmen und als Lösung verkaufen.
e) Rassistische/nationalistische: Rassismus, Militarismus, Nationalismus.
f) Zwischenmenschliche Beziehungen betreffende: Affären, Selbstverwirklichung durch die Kinder.
g) Religiöse: Übertriebene Verhaltenslehre (Moral), Überbewertung von geistlichem Erfolg und Gaben; der Glaube als Vorwand zum

Machtmissbrauch.
h) Philosophische: Denksysteme.
i) Kulturelle: Individualismus oder Verehrung des Clans.
j) Tiefgehende: Machtverherrlichung, Herrschsucht als höchste Wahrheit.
Grundsätzlich kann alles zum Götzen werden. Vladimir Tajsic nennt als Eselsbrücke 5F: „Food, Fashion, Fitness, Football, Facebook", also Essen, Mode, Sport, Fussball und Kommunikation im Internet (Adoniakonzert Zofingen, 06.12.2015). Wenn wir uns in die Verehrung von Götzen verstrickt haben, bietet Gott uns heute einen Ausweg an! Mit einem einfachen Gebet können wir ihm unsere Verfehlung bekennen und er wird uns vergeben und uns befreien von unseren falschen Götzen, weil er der Gott der Befreiung ist. Gott spricht im 1.Gebot: „Ich bin der HERR, dein Gott, der ich dich aus dem Land Ägypten, aus dem Sklavenhaus, herausgeführt habe. Du sollst keine andern Götter haben neben mir" (2.Mose 20,2-3).

Anmerkungen
Für Hindus und Buddhisten bedeutet das ewige Leben ein grosses Problem, weil sie es als Strafe ansehen, immer wieder geboren zu werden. Ihre Grundüberzeugung besteht darin: Leben heisst Leiden. Ewiges Leben ist also ewiges Leiden. Ihr Ziel besteht deshalb darin, im Nirwana (= „Erlöschen") Ruhe zu finden von diesem ewigen Kreislauf des Geborenwerdens und Sterbens. Deswegen ist es entscheidend, dass wir ihnen von Jesus erzählen. Der Himmel ist der beste Ort, weil wir dort mit ihm ewig Gemeinschaft haben.

Fragen für den Hauskreis
a) Bitte Gott für die Menschen, die Jesus noch nicht kennen, dass sie ihn als Gott anerkennen. Bitte Gott für deine Kirche, dass er mehr Mitglieder schenkt und den Glauben und das Vertrauen in Jesus vertieft. Bitte Gott für deinen Pfarrer, dass er ihn beschützt vor dem Bösen und vor Anfechtungen. Welche Gebetserhörung hast du kürzlich erlebt? Erzählt einander davon. Wann hast du erlebt, dass die Gebete von anderen Menschen dir geholfen haben? Was tröstet dich, wenn deine Gebete (noch) nicht erhört werden?

(vgl. Gruppenbibel, S. 944).

b) Bitte Gott für deine Feinde und diejenigen Menschen, die dir Böses zugefügt haben, dass sie zu Jesus umkehren.

c) Betet gemeinsam das Unser-Vater-Gebet und um den Schutz in den Lebensbereichen, in denen du momentan besonders herausgefordert bist.

d) Freust du dich auf das ewige Leben? Motiviert dich die Wirklichkeit der Hölle zum furchtlosen Dienst für Jesus?

e) Bitte Gott, dir aufzuzeigen, wo du versteckte Götzen in deinem Leben verehrst. Lege sie Gott hin, bitte ihn um Vergebung und löse dich mit der Kraft des Heiligen Geistes von ihnen.

Schlusswort oder: Wie weiter?
Der 1.Joh zeigt uns das Zentrum des christlichen Glaubens:
a) Gott ist Liebe und er liebt dich!

b) Wir Menschen sind Sünder und brauchen die Erlösung durch Jesus Christus, den Sohn Gottes und Heiland der Welt.

c) Der Heilige Geist befreit uns vor der Furcht vor dem Jüngsten Tag und rüstet uns für den Dienst im Reich Gottes aus.

d) Weil Gott uns liebt, können wir unsere Mitmenschen lieben.

e) Durch die Kraft des Heiligen Geistes können wir uns selber lieben und annehmen. Unser schlechtes Gewissen wird zur Ruhe kommen.

f) Jesus hat den Teufel und das Böse besiegt, weil er gestorben und auferstanden ist.

Wenn dir das Lesen dieser Predigten Gewinn gebracht hat und du dir die Frage stellst: Wie kann es weiter gehen? Dann empfehle ich dir, die Bibel zu lesen (und beim Johannesevangelium, dem Galaterbrief oder dem 1.Petrusbrief zu beginnen) und dir folgende Fragen zu stellen:

a) Was steht dort geschrieben?

b) Was bedeutet das für mich?

c) Wie kann ich das Erkannte praktisch in meinem Leben umsetzen?

d) Wem kann ich davon erzählen? (Idee von Peter Farmer).

Danksagungen

Herzlich danke ich meinen Lektoren Pfr. Rolf Nünlist, Jonas Erne und Alex Weidmann für die Korrektur des Manuskriptes und ihre wertvolle Hilfe. Grosser Dank geht an meine Frau Christina, die mich immer unterstützt und bei der Gestaltung des Titelbildes mitgeholfen hat. Der grösste Dank gebührt dem dreieinigen Gott, der mich durch die schwierigsten Zeiten meines Lebens durchgetragen hat und mir die beste Kirchgemeinde schenkte, die ich mir vorstellen kann.

Bücherverzeichnis

Bibelkommentare
- de Boor, Werner. Die Briefe des Johannes. Reihe: Wuppertaler Studienbibel. Hg. Adolf Pohl und drs. Wuppertal: R. Brockhaus. 1994.
- Die Gruppen Bibel. Giessen: Brunnen. 2004.
- Die Hauskreisbibel. Witten: SCM R.Brockhaus. 2.Aufl. 2014.
- Huter, Johannes Eduard. Kritisch exegetisches Handbuch über die drei Briefe des Apostel Johannes. Reihe: Kritisch exegetischer Kommentar über das Neue Testament. Band 14. Göttingen: Vandenhoeck und Ruprecht. 4.Aufl. 1880.
- Klauk, Hans-Josef. Der erste Johannesbrief. Reihe: Evangelisch-katholischer Kommentar zum Neuen Testament. Band 23/1. Zürich: Benziger. 1991.
- Morris, Leon. Der erste Brief des Johannes. In: Kommentar zur Bibel. AT und NT in einem Band. Hg. von Donald Guthrie und J. Alec Motyer. 559-576. Witten: SCM R.Brockhaus. 7.Aufl. 2008.
- Nünlist, Rolf. Der erste Johannesbrief. Eine Exegese. Masterarbeit im Fach Neues Testament an der Universität Basel. 2012. Unpubliziert.
- Schlatter, Adolf. Die Briefe und die Offenbarung des Johannes ausgelegt für Bibelleser. Reihe: Schlatters Erläuterungen zum Neuen Testament. Band 10. Stuttgart: Calwer. 5.Aufl. 1928.

Bücherliste
- Augustinus, Aurelius. Confessiones/Bekenntnisse. Stuttgart: Reclam. 2012.
- Calvin, Johannes. Unterricht in der christlichen Religion. Institutio Religionis Christianae. Neukirchen: Buchhandlung des Erziehungsvereins. 1936.
- Doyle, Tom Webster, Greg. Träume und Visionen. Wie Muslime heute Jesus erfahren. Basel: Brunnen. 2015.
- Fausel, Heinrich. D. Martin Luther. München: Siebenstern. 1966.
- Keller, Timothy. Es ist nicht alles Gott, was glänzt. Asslar: Gerth. 2011.

Internet-Artikel
- Farmer, Peter. www.peterjfarmer.com. 28.12.2015.
- Günther, Markus. Ersatzreligion Liebe. FAZ.de. 25.09.2014.
- Scharnowski, Reinhold. Billy Graham und der Himmel. www.jesus.ch. 18.07.2014.
- www.lebensentscheidung.de. 28.12.2015.
- www.morethandreams.org. 29.12.2015.

Lexika
- Wikipediaartikel „Ceaușescu". 18.09.2015.
- Wikipediaartikel „Gewissen". 30.10.2015.

Verfasser
Michael Freiburghaus ist seit 2015 Pfarrer in Leutwil-Dürrenäsch.
Theologiestudium in Riehen, Leuven, Bern und Zürich.
Offizier (Leutnant) der ABC-Abwehrtruppen.
Präsident der Schweizerischen Traktatmission.

Himmel und Erde werden vergehen, doch Gottes Wort bleibt bestehen!
Die Ewigkeit ist unendlich zu kurz, um Gottes Liebe zu loben!